第4次改訂版

地方自治
課題解決
事例集
行政編

条例・規則／議会・議員／執行機関／特別地方公共団体
公の施設／住民基本台帳・その他

地方自治課題研究会［編著］

第1巻

ぎょうせい

刊行のことば

　超高齢・人口減少社会の到来や東日本大震災の発生など、社会経済状況が大きく変化する中で、地方自治体は、今、大きな転換期の中にあります。

　現在、基礎自治体への権限移譲や義務付け・枠付けの見直し等の改革が進められていますが、今後、ますます、地方自治体が、「自己責任、自己決定」の原則の下、地域における行政を自主的、主体的に実施する役割を担うことが求められることになります。

　このような新たな時代において、地方自治体で働く職員には、これまで以上に高いレベルの知識、能力が必要となります。行革を進めている一方で仕事の密度は濃くなるばかりですが、日々の職務は正確、かつ迅速に処理しなければなりません。また、多くの地方自治体が厳しい財政状況に置かれており、優れた経営感覚を持ち合わせることが求められます。そのため、職員1人ひとりが、前例にとらわれないアイデアを生み出し、創意工夫を図って難局を乗り越えていかねばなりません。

　その前提として、職員は、基礎的な行政の知識と専門的な実務能力を身につけることが強く求められています。

　また、困難な事例や新しい問題に直面した場合において、以前は国に依存して指導を仰いでいた時代もありましたが、現在は自らの力で解決していかなければなりません。

　そこで、本シリーズでは、多くの方々にとって参考になるよう、地方自治の第一線で働く職員が実際に経験した事例を中心に、都道府県、市区町村の別を問わず、普遍性の高い事例を取り上げ、Q&A方式により、その問題点や背景、解決の方法などを記述しました。

なお、本シリーズ中、意見にわたる部分は、執筆者、編者の私見であることを申し添えます。また、記述が不十分である点などについては、読者の皆さんから、忌憚のない意見をお寄せ願えればと思います。

　本シリーズが、読者の皆さんにとって、実務知識の向上に役立つことができれば幸いです。

　　　平成13年５月

　　　　　　　　　　　　　　地方自治問題研究会

第4次改訂に当たって

　第3次改訂版が刊行されてから約5年が経過しましたが、その間、社会は大きく変化しました。

　新型コロナウイルス感染症の流行、それに伴う働き方改革やDX（デジタル・トランスフォーメーション）の進展、不安定な国際情勢等、私たちの社会生活に大きな影響を与える変化が生じ、地方自治体においても、これらの影響によりますます多様化・高度化する行政ニーズに今後も対応していく必要があります。

　地方分権の推進を図るための関係法律の整備等に関する法律（地方分権一括法）が施行されて久しいですが、地方分権の進展により、地方自治体には、自ら判断し解決を図る能力がこれまで以上に求められています。次々に生じる新たな行政課題についても、迅速かつ適切に、現実的な解決策を導き出し、より質の高い行政サービスを供給していかなければなりません。

　そこで、今回、地方自治の実務担当者が判断に迷うような事例を多数ピックアップし、その解決策を記述した「地方自治課題解決事例集　第1巻　行政編」を編集し、第4次改訂版としてまとめました。

　第4次改訂版では、近年地方自治体で問題となった事例を新たに採り上げ、法令や判例を基に一定の解釈を加えています。また、既存の事例についても、現在の法令に即した表現に改めるとともに、よりわかりやすい記述となるよう、全面的に見直しを行っています。

　本書で採り上げている事例は、いずれも地方自治体において実際に生じたものや、日々の業務において地方自治体の職員が問題意識として感じていることを具体化したものです。その意味において、本書は極めて実践的であり、類似の問題が生じた場合に、本書が解

決の一助となることを確信しています。

　また、実際に問題に直面していなくても、本書は地方自治の実務を知る上で大いに参考になるかと思います。是非ご一読いただき、実務知識の向上にお役立てください。

　なお、解釈については執筆者の私見も含まれております。疑義や不十分な記述などがありましたら、ご意見を賜ることができれば幸甚です。

　　　令和5年11月

　　　　　　　　　　　　　　　　　　執筆者一同

目　次

刊行のことば

第4次改訂に当たって

第1章　条例・規則

第2章　議会・議員

第3章　執行機関

第4章　特別地方公共団体

第5章　公の施設

第6章　住民基本台帳・その他

住民基本台帳 ……………………………………………………… 186

凡　例

◇関係法令等の叙述の基準は、令和5年10月1日現在とした。

◇本文中の（　）内で根拠法を示す場合、次の①〜③の原則に従った。

　①　法令名は原則として、後掲の法令名略語表に掲げた略称を用い、略語表にないものは、正式名称で示した。

　②　条・項・号の表示は、条はアラビア数字、項はローマ数字、号は〇つきアラビア数字で示した。

　〈例〉地方自治法第135条第1項第3号　→　（自治法135Ⅰ③）

　③　2つ以上の法令の条文数を列記するときは、同一法令の場合は（・）で、異なる法令の場合は（、）で区切った。また、同一法令の連続する3つ以上の条・項・号を示す場合は、「〜」の記号でその中間の条・項・号を略した。

◇判例・実例を示す場合、「判決」→「判」、「行政実例」→「行実」と略した。また、裁判所の表示については、次に掲げる略語を用いた。

　　大　　　大審院

　　最　　　最高裁判所

　　〇〇高　　〇〇高等裁判所

　　〇〇地　　〇〇地方裁判所

◇カッコ内の法令名等の記述に当たり、次の法令等について略称を用いた。

　　憲法　　　　　日本国憲法

　　自治法　　　　地方自治法

　　自治令　　　　地方自治法施行令

　　自治則　　　　地方自治法施行規則

住民台帳法	住民基本台帳法
住民台帳令	住民基本台帳法施行令
教育行政法	地方教育行政の組織及び運営に関する法律
番号法	行政手続における特定の個人を識別するための番号の利用等に関する法律
番号令	行政手続における特定の個人を識別するための番号の利用等に関する法律施行令
番号則	行政手続における特定の個人を識別するための番号の利用等に関する法律施行規則

第 **1** 章

条例・規則

制定手続

Q 1 条例制定請求代表者証明書交付申請への拒否処分

　A市の住民であるXは、青少年の性非行を防止する目的で、市が指定する有害図書販売を市内全域にわたって禁止するとともに、違反者には10万円の罰金を科することを内容とする条例案及び条例制定請求書を添え、A市長に対して条例制定請求代表者証明書の交付を申請した。しかし、A市長は、この条例案は日本国憲法21条（表現の自由）及び22条（職業選択の自由）の規定に違反するとして、当該証明書の交付を拒否した。

　A市長の拒否処分は正当か。

　条例の制定改廃について、地方自治法74条１項は、「普通地方公共団体の議会の議員及び長の選挙権を有する者は、政令で定めるところにより、その総数の50分の１以上の者の連署をもって、その代表者から、普通地方公共団体の長に対し、条例（地方税の賦課徴収並びに分担金、使用料及び手数料の徴収に関するものを除く。）の制定又は改廃の請求をすることができる。」と規定している。

　条例制定請求代表者証明書の申請があった場合、長は、当該申請が法令の定める要件を充足しているか否かを確認するとともに、条例案を審査し、その内容が法令上条例規定事項でないことが明らかな場合は、条例制定請求代表者証明書の交付を拒否できるとされている（行実昭和24年７月４日）。

　さて、この添付されている条例案が、直接請求できる範囲のもの

であるかが問題となるが、判例は、次のように直接請求に係る条例案に関しては住民の権利を尊重する立場に立って、長が条例制定請求代表者証明書の交付を拒否しうる範囲を限定的に解釈している。

　日本国憲法9条に一見明白に違反して、現に戦闘活動に従事し、若しくは戦力を備えた一切の武力集団に対して、東京都が所有権又は財産管理権を持つ道路、上下水道その他の施設及び都の職員を使用させてはならないこと等を内容とする東京都反軍条例案の条例制定請求代表者証明書交付拒否処分が争われた事件の控訴審は、条例案を一見しただけで条例で規定し得ない事項又は条例制定請求をなし得ない事項に関するものであることが、何人にも議論の余地すらない程に極めて明白である場合を除いては、長において「一見明白」との判断を下すことも許されないものというべきであるとして、知事の条例制定請求代表者証明交付拒否処分を取り消している（東京高判昭和49年8月28日）。

　本設例の条例案について考えると、表現の自由、職業選択の自由は、憲法の保障する基本的人権であるが、憲法12条及び13条の規定により、これらの権利の行使は決して無制約ではない。公共の福祉の実現のためには、その行使の程度・態様について、制限を受けることがあるのは当然である。これらを考えあわせると、条例案は、発達途上の青少年を性的な悪影響から保護することを目的としており、その内容が憲法に明白に違反するものとは直ちに判断できないと考えることができる。

　したがって、本件条例案は一見極めて明白に違法とはいえないので、A市長は条例制定請求代表者証明書の交付を拒否すべきではないと考えられる。

Q 2 直接請求が提出された条例案への議会の関与

A市の西部地域は、市役所までの交通の便が悪いため、住民が支所の設置を市議会に請願し、採択された。しかし、A市長は人件費の増大等を理由として消極的である。そこで、住民は、支所設置条例の制定についての直接請求を出した。これに対して、A市長は、「この直接請求は、長に専属する支所設置条例の提案権を侵すものであり、違法である。」との意見を付けて、当該条例案を市議会に提出した。

市議会は、これをどう処理すべきであるか。

地方自治法155条1項は、「普通地方公共団体の長は、その権限に属する事務を分掌させるため、条例で、必要な地に、都道府県にあっては支庁（道にあっては支庁出張所を含む。）及び地方事務所、市町村にあっては支所又は出張所を設けることができる。」と規定している。

これにより、支所等の設置は、長の権限に属する事務処理組織に関する問題であるので、この決定権限は、本来、長が持つ事務処理権限のうちに当然含まれているところであるが、同法は、これが団体の組織全体に関するものであり、また、住民の利害に大きく影響するため、条例による設置を要求しているものと考えられる。

支所等の設置は、長が持つ事務処理権限に含まれているものであり、これが条例事項とされているのは、議会の関与の機会を開く必要性からであり、議会の議決の実質は補充行為としての同意にすぎないと解すれば、A市長の意見のように支所の設置条例の制定は、

　規則の制定、予算の調製、副市長の選任等と同様に、直接請求の対象にはならないことになる。

　しかし一方で、支所等の設置は、公の施設の設置等と同じく、住民福祉の向上を図るものであり、単なる長の事務処理組織に関する問題にとどまらず、また、議会の議決は単なる補充行為ではなく、団体の最終的な意思決定であり、条例提案権を長の専属的権限としたのは、組織に関する事項であるという長の職務との密接な関係を考慮して、第一次的判断を長に委ねたものにすぎないと解することもできる。

　したがって、地方自治法第155条1項をもって、住民による支所設置条例の制定についての提案である直接請求を否定する根拠とすることはできないので、市議会はこの直接請求を審理すべきである。

3　直接請求により提出された住民投票条例

　A市では、駅前再開発事業を計画している。しかし、A市が深刻な財政難にあることから、住民より再開発に対する反対意見が出ており、近々「駅前再開発事業を現行計画のまま行うことについて市民の賛否を問う住民投票条例」の制定が直接請求により行われる見通しとなっている。議会に条例案を提出するに当たって次の3点を確認したい。

(1)　議会において、住民からの直接請求による条例案を修正する場合、その修正範囲はどのように考えればよいか。

(2)　住民投票に成立要件を加える修正についてどう考えるか。

(3)　地方自治法74条3項は、直接請求を受理した場合、長は「意見を附けてこれを議会に付議」するとあるが、この意見について留意点等はあるか。

　地方自治法74条1項は、「普通地方公共団体の議会の議員及び長の選挙権を有する者は、政令で定めるところにより、その総数の50分の1以上の者の連署をもって、その代表者から、普通地方公共団体の長に対し、条例（地方税の賦課徴収並びに分担金、使用料及び手数料の徴収に関するものを除く。）の制定又は改廃の請求をすることができる。」と規定されている。これは代表民主制を基本とした現代民主政治において、住民自治を実現するために、住民がその意思決定過程に直接参加することも認め、民主政治の徹底を図るものである。

　同法115条の3において「普通地方公共団体の議会が議案に対す

る修正の動議を議題とするに当たっては、議員の定数の12分の1以上の者の発議によらなければならない。」とし、議会による修正が規定されている。

　これらのことにより、同法74条1項における請求は、住民が発案することで直接的に制定の過程に参加をするにとどまり、住民自らが決することは認めていない。そのため、議会の審議は、通常の議事手続により、条例案については過半数の議決により可否を決定するものであり、否決及び修正も可能である。

　(1)については、直接請求によらない議案と全く同じであり、その修正の範囲については各議会の判断によるものと解する。

　(2)については、住民投票の成立要件を設けると、住民投票の不成立を狙ったボイコット運動を誘発する危険性がある。その一方、成立要件を設けないとすると、ごく少数者の投票により賛否が決せられるおそれがある。成立要件の設置につき法に定めがないため、多様な意見を踏まえ、各議会において判断するものと考える。

　(3)については、長が当該条例案を付議するに当たって、意見とは条例案に対する執行機関の立場からの賛否の考えである。意見は必ず附けなければならないものと解する。以上のことから単に「意見なし」とすることは、意見を附けたものということはできず、少なくとも賛否を明確にすべきものと解する。

Q

4 複合施設を設置する場合の条例制定方法

A市では、図書館と教育センターの複合施設を設置する。図書館はこれまでにいくつか設置されており、図書館条例がある。しかし、教育センターは、市にとって初めての機関である。この場合、条例の定め方として次のいずれが適当か。

(1) 図書館は既存の図書館条例に組み入れ、教育センターは別の条例をつくる。

(2) 既存の図書館条例はそのままとし、複合施設で一本の条例をつくる。

地方教育行政法30条では、「地方公共団体は、法律で定めるところにより、学校、図書館、博物館、公民館その他の教育機関を設置するほか、条例で、教育に関する専門的、技術的事項の研究又は教育関係職員の研修、保健若しくは福利厚生に関する施設その他の必要な教育機関を設置することができる。」と規定されている。

したがって、学校、図書館等の教育機関は法律で設置することとなる。また同時に、地方自治法244条1項では、「普通地方公共団体は、住民の福祉を増進する目的をもってその利用に供するための施設を設けるものとする。」とされており、同法に基づき、公の施設の設置に関わる条例の制定も要する。

法律に定めのない教育施設の設置についても、地方教育行政法30条後段及び地方自治法244条1項が根拠となり条例によることを要するとされている。

これらのことにより、設例の(1)又は(2)のいずれかの定め方によ

り、条例制定は必要である。

　条例の定め方は、市の条例の体系から考慮すると、図書館条例がありながら１つだけその中に規定されていない図書館があることは住民に対してわかりにくいため、(1)が望ましい。

5 　提出議案の修正

　Ａ市長が議会で提案した施行期日を４月１日とする条例案について、議会で継続審議になり施行期日以後に議決される見込みのときは、原案の施行期日を修正する必要があると思われるが、その修正については、
　(1)　提案者である長が、施行期日を議決の日以降の日又は公布の日を施行日にする等適宜の日に修正、又は施行期日の規定を削除する修正を議会に申し出る、
　(2)　議員が修正案を提出して修正する、
のいずれによるべきか、またはどちらでもよいのか。

　日本国憲法94条では、「地方公共団体は、（中略）法律の範囲内で条例を制定することができる。」と規定しており、地方公共団体がその自治権に基づいて自主法を定立する権能、すなわち自治立法権を有することを明らかにしている。また、地方自治法14条１項では、「普通地方公共団体は、法令に違反しない限りにおいて第２条第２項の事務に関し、条例を制定することができる。」と規定されている。

　この事例の場合には、長が地方自治法の規定に基づき条例案を議会に提案したが、議会において内容について決まらず継続審議になってしまったため、条例案に当初規定していた施行期日以前に議決することができないという事例であり、どのような方法で条例案の施行期日を遅らせたらよいのかが問題となっている。

　行政実例（昭和25年７月６日）では、「議題となった議案は、撤回修正の上再上程するのでなければ、提案者として修正はできないも

のと解するが、国会法59条に『内閣が、各議院の会議又は委員会において議題となった議案を修正し、又は撤回するには、その院の承諾を要する。』とある。議事運営について地方議会も同様の措置は認められるか。」との問いに対して「お見込のとおりであるが、あらかじめ会議規則に、国会法と同趣旨のものを規定しておくべきである。」と回答しており、A市議会の会議規則にその旨を規定しておく必要がある。

　また、行政実例（昭和30年1月6日）では、「知事から提出された議案を議会において審議中、知事においてその議案の内容の一部分、又は相当部分を訂正修正（誤植訂正でない。）したい事由が生じたため、議会の承認を得る場合、その標題を『議案の訂正について』とすべきか、又は『議案の修正について』とすべきか。」との問いに対して、「あらたに提案しなおすべきものであるが、議会の了解のもとに議案をとりかえるものであれば適宜の措置でよい。」と回答している。このことから、提出者の手を離れて、既に議会に係属中のものについては、提出者の意思のみによって撤回、修正することはできず、議会の同意を必要とする。

　よって、市議会において会議規則に国会法と同趣旨のものを規定し、その会議規則に基づき議会の同意を得ている場合においては、(1)の方法であっても問題は生じない。

　また、地方自治法115条の3によると「普通地方公共団体の議会が議案に対する修正の動議を議題とするに当たっては、議員の定数の12分の1以上の者の発議によらなければならない。」と規定されている。これは、議会の審議権に基づく審議の結果、議員から提出する修正案の提出についての規定であり、地方公共団体の長に提出権のある議案のほか、議員の提案権に属する議案の双方に対する修正の動議を指すものである。さらに、行政実例（昭和31年9月28日）

11

では、「委員会が修正案を提出する場合は、第115条の2（現行法では第115条の3）の規定の適用はないものと解してよろしいか。」との問いに対して「お見込みのとおり。」と回答していることからも、常任委員会、議会運営委員会又は特別委員会における修正の動議については、同法115条の3の関知するところではなく、委員会条例又は会議規則の定めるところによるといえる。

　このことから、委員会に付託された事件について、委員会において修正が決定され、それが委員長報告により本会議で議題とされた場合においては、別に改めて12分の1以上の者の発議により修正の動議を提出するまでもなく、委員長報告をそのまま議題として、審議して差し支えないと解される。

　よって、(2)の方法であっても問題は生じない。

6 　一部改正条例施行前の廃止又は改正

　A市は、庁舎を現所在地であるB地区からC地区に移転する計画があったため、「A市役所の位置を定める条例の一部を改正する条例」を公布し、施行期日を「規則で定める日」としている。しかし、改正条例の施行前に、A市に特別の事情が生じて庁舎の移転計画が中止されたことから、A市は庁舎は引き続き現所在地であるB地区とすることとした。この場合、未施行の一部改正条例を廃止することができるか。

　地方公共団体の事務所の設定又は変更については、地方自治法4条1項で「地方公共団体は、その事務所の位置を定め又はこれを変更しようとするときは、条例でこれを定めなければならない。」と規定している。したがって、A市の庁舎を移転する場合には、「A市役所の位置を定める条例」を改正する必要がある。

　A市では、「A市役所の位置を定める条例の一部を改正する条例」を制定し、施行をしようとしたが、庁舎移転計画の中止が決定された。ここで、未施行の一部改正条例を施行前に廃止することができるのかということが問題となる。

　すでに公布されている一部改正条例であっても、未施行の場合には元の条例になんら改変を加えるものではない。その一部改正条例が施行されたときに初めて、その改正内容のとおりに元の条例の条項等は改正され、一部改正条例の中身は元の条例の中身に溶け込んで一体となる。

　本件の場合、「A市役所の位置を定める条例の一部を改正する条例」の施行前に廃止の決定があり当該条例は効力を発しないこととなるため、施行前に当該条例を廃止することができる。

内容・効果

Q

7　区域外の社会福祉法人への補助金交付

　A市は、条例により社会福祉法人に補助金を交付しているが、隣接する市の社会福祉法人にも補助金を交付することはできるか。なお、当該条例には、交付対象をA市に限定する旨の規定はなく、隣接する市の社会福祉法人の施設はA市の住民にも多く利用されている。

　一般的に地方公共団体の条例の効力が及ぶ範囲は、当該団体の区域内に限られ、区域内においては、住民であると否とを問わず、適用される。

　これらの原則の例外については、公の施設の区域外設置などのように、区域外においてその住民以外の者にも適用される場合、交通災害共済条例による区域外における交通事故への見舞い金の支給のように、条例が属人的に効力をもつ場合がある。

　したがって、当該団体の条例の規定の仕方によることとなるが、設例の場合については、一般的に次の理由から当該条例の対象として隣接する市の社会福祉法人を含むことができると考えられる。

①　社会福祉法58条1項により、市町村が必要があると認めるときは、当該団体の条例により、補助金を支出することが認められていること。

②　同法では、補助金の支給対象を当該団体の区域内の社会福祉法人に限定する規定がないこと。

③　A市の条例では、交付対象を当該団体の区域内の社会福祉法人に限定する規定がないこと。

④ 隣接する市の社会福祉法人は、多くのＡ市の住民が利用していること。

⑤ 給付条例は、住民の権利、利益に制限を加える条例と異なり、当該団体にとって客観的に公益上の必要性があると判断することができれば、その対象範囲を拡大することは可能であること。

なお、当該補助金の使途、客観的に公益上の必要性があるかどうかの判断については、議会の予算審議の中で判断を受けるべきものと解される。

8 議員定数を変更する条例の施行期日

　Ａ市は、議員定数条例を一部改正し、議員定数の削減を提案するに当たり、当該改正条例の施行期日を附則により「令和○○年○月○○日以後最初に行われる一般選挙から施行する」と規定し、次の選挙ではなく、次々回の選挙から適用することとした。法令上、問題はないか。

　市町村の議員定数の変更は、地方自治法91条2項において、「議員の定数の変更は、一般選挙の場合でなければ、これを行うことができない。」と規定されているが、いつの一般選挙かは規定されていないため、今回の施行期日の規定は、直ちに違法とはいえない。

　しかし、原則としてその時点での住民の意見を反映させるようにするべきであり、議員定数の削減について議決する場合、議会の議決には、直近の選挙から適用するのが一般的である。次々回の選挙以降の議員定数については、次回の選挙後に成立する新しい体制で議論すべきであると考える。

9 条例施行期日の規則への委任

条例の施行期日を規則に委任する場合、どのようにすることが適当か。また、それはいかなる場合にも可能であるか。

　条例の施行期日を規則に委任することは、当該条例の施行の準備等に要する期間が明らかでない等の理由から、施行期日を当該条例で確定的に定めておくことが困難な場合等にそれを弾力化させるものである。

　本来、条例で施行期日を定めることが最も望ましいところであるが、執行機関の執行上の便宜を考慮する必要があることから、規則に委任する方法がとられている。しかし、議会の立法作用を執行機関に任せることは、民主主義の本旨を損ねることとなり、不適当であると考えられる。したがって、条例の施行期日を規則に委任する場合には、「公布の日から起算して〇月を超えない範囲内において規則で定める日から施行する」など期限を明示しておくことが適当だと考えられる。

　次に、施行期日の規則への委任がいかなる場合にも可能かどうかについてであるが、条例の内容は当該団体の住民生活に影響を及ぼすものであるから、個々の条例が住民の利益にどのような影響を及ぼすか等を具体的に考慮し、規則に委任しても差し支えないかどうかを判断すべきである。

10 条例によって執行罰としての過料を科すことの可否

Ａ市では、粗大ゴミの処分に係る手数料を住民から徴収しているが、近年、市内郊外のゴミ収集所において、テレビや冷蔵庫の粗大ゴミの放置が目立つようになってきた。Ａ市では、このような行為を是正させるため、プロジェクトチームを設置して検討を行った。そのなかで、「粗大ゴミを放置した場合には、あらかじめ過料を科すことを予告して、放置を防止するというのはどうか」との意見が出された。行政上の強制執行である執行罰としての過料を科すことを、Ａ市の条例で規定することができるのであろうか。

地方自治法14条１項では、「普通地方公共団体は、法令に違反しない限りにおいて第２条第２項の事務に関し、条例を制定することができる。」とされ、同条３項では、「普通地方公共団体は、法令に特別の定めがあるものを除くほか、その条例中に、条例に違反した者に対し、２年以下の懲役若しくは禁錮、100万円以下の罰金、拘留、科料若しくは没収の刑又は５万円以下の過料を科する旨の規定を設けることができる。」と規定されている。

したがって、粗大ゴミを放置した者に対して、刑罰としての罰金や科料、秩序罰としての過料を科す規定を条例に設けることは可能である。

次に、行政上の強制執行である執行罰を条例で規定できるかについてであるが、物理的に私人の自由を拘束し、又は財産権を侵害することになるため、法律の根拠が必要とされており、行政代執行法

　１条では、「行政上の義務の履行確保に関しては、別に法律で定めるものを除いては、この法律の定めるところによる。」と規定されている。このため、代執行以外の行政上の義務の履行確保の手段に関しては、別に法律の定めが必要になるものもあるが、この事例では、条例によりこれを規定することができるか否かが問題となっている。

　この問題は、同条の「法律」の中に、条例が入るかどうかで判断することになるが、同法２条で「法律（法律の委任に基く命令、規則及び条例を含む。）」と「法律」の中に条例等が含まれることをあえて明記していることからも、同法１条の「法律」には、条例は含まれないといえる。

　したがって、行政上の義務履行確保の手段として、条例に過料を科すことは規定できない。

　なお、現在、執行罰に関する定めは、砂防法36条にのみ規定されているが、きわめて低額な過料（500円以下とされる）を定めているものであり、実務上は運用されていないのが現状である。

Q

11 法令と条例の関係性

　A市は地域の実情を考慮し、「旅館建築の規制に関する条例」により、規制対象施設の範囲及び距離規制について、旅館業法より厳しい規制を定める考えであるが、そのようなことが可能か。また職業選択の自由を定める日本国憲法22条に抵触し、違憲ではないか。

1　法令と条例の効力関係

　条例は、普通地方公共団体が定立する法規であるが、地方公共団体は自治権に基づいて自主立法権を有するものとされており、日本国憲法94条は「地方公共団体は、（中略）法律の範囲内で条例を制定することができる。」と規定している。

　条例は、普通地方公共団体が制定するものであり、普通地方公共団体の法規たる性質を有するが、このことは条例が国の定立する法令と無関係であるということではない。地方公共団体の条例は、法令の下位に立ち、これに違反することは認められない。ただ、具体的な規制が法令と条例の双方において重複して定められている場合の効力関係については、次のように解釈することとされている。

　「条例が国の法令に違反するかどうかは、両者の対象事項と規定文言を対比するのみでなく、それぞれの趣旨、目的、内容及び効果を比較し、両者の間に矛盾抵触があるかどうかによってこれを決しなければならない。例えば、ある事項について国の法令中にこれを規律する明文の規定がない場合でも、当該法令全体からみて、右規定の欠如が特に当該事項についていかなる規制をも施すことなく放置すべきものとする趣旨であると解されるときは、これについて規

律を設ける条例の規定は国の法令に違反することとなりうるし、逆に、特定事項についてこれを規律する国の法令と条例とが併存する場合でも、後者が前者とは別の目的に基づく規律を意図するものであり、その適用によって前者の規定の意図する目的と効果をなんら阻害することがないときや、両者が同一の目的に出たものであっても、国の法令が必ずしもその規定によって全国的に一律に同一内容の規制を施す趣旨ではなく、それぞれの普通地方公共団体において、その地方の実情に応じて、別段の規制を施すことを容認する趣旨であると解されるときは、国の法令と条例との間にはなんらの矛盾抵触はなく、条例が国の法令に違反する問題は生じえない。」（最判昭和50年9月10日）

　設問の事例において、旅館業法の規制の趣旨は旅館業の適正な運営を図るためのものであるが、全国一律に同一内容の規制を意図するものではないと考えられる。地域の実情を考慮してより適正な運営を図るために、条例によって法律より厳しい規制をすることは可能であると解される。

② 合憲の基準

　地方公共団体の条例制定権の根拠は憲法にあり、「条例は、地方自治の本旨に基づき、直接憲法94条により法律の範囲内において制定する権能を認められた自治立法にほかならない」としている（最判昭和29年11月24日・同旨　最判昭和37年5月30日）。

　憲法の保障する基本的人権を条例において規制できるかという点については、「公共の福祉」の観点から住民の基本的人権に制約を課すことも許容されると解されている。その制約は、法律による規制と同様に、必要かつ合理的な最小限度の規制にとどめることが必要である。

　設問からは、条例の規制の程度等が明らかではないが、判例では「この規制手段がその必要性に比例して相当なものであることが認められない場合として、違法・無効になる」としたものがある（福岡高判昭和58年3月7日）。

12　条例による事務処理の特例

　A県では、都市緑地法に基づく事務のうち、同法14条1項の規定による特別緑地保全地区における建築物の増改築等の行為の許可事務を、条例による事務処理の特例の制度によりA県内の市町村が処理することとした。当該許可基準をA県の施行条例において定めているとき、当該施行条例は当然に市町村に適用されると考えてよいか。

　また、当該許可に係る手数料について、市町村は市町村条例の定めるところにより徴収することができるか。

　条例による事務処理の特例について、地方自治法252条の17の2第1項は「都道府県は、都道府県知事の権限に属する事務の一部を、条例の定めるところにより、市町村が処理することとすることができる。この場合においては、当該市町村が処理することとされた事務は、当該市町村の長が管理し及び執行するものとする。」と規定している。この制度は、地域の実情に応じて、地域の主体的な判断により柔軟に事務配分することを可能とするものとして地方分権の推進を図るための関係法律の整備等に関する法律の施行に伴う地方自治法の改正により新設されたものであり、住民に身近な行政はできる限りより住民に身近な地方公共団体である市町村が受け持つことが可能となることを趣旨としている。

　また、条例による事務処理の特例の効果については、同法252条の17の3第1項で「前条第1項の条例の定めるところにより、都道府県知事の権限に属する事務の一部を市町村が処理する場合においては、当該条例の定めるところにより市町村が処理することとされた事務について規定する法令、条例又は規則中都道府県に関する規

定は、当該事務の範囲内において、当該市町村に関する規定として当該市町村に適用があるものとする。」と規定されている。ここで、本条の「市町村が処理することとされた事務について規定する法令、条例又は規則」とは、当該事務処理の根拠規定となっている法令、条例又は規則を意味している。すなわち、法令に根拠規定のある事務については当該法令、条例に根拠規定がある事務については当該条例、規則に根拠規定がある事務については当該規則のことを指しているのである。このため、法令に根拠規定がある事務を条例による事務処理の特例により市町村が処理することとする場合、当該法令に基づく事務に関して都道府県が定めていた条例・規則は原則として市町村には適用されない。これは、この制度が「都道府県知事の権限に属する事務の一部を市町村が処理することとする」ものであり、市町村の自主性・自立性のもとに当該事務を処理することを基本としており、市町村が必要に応じて自ら条例・規則を定めることが原則となるからである。

　したがって、本件の場合、都市緑地法に根拠規定がある当該許可事務に関してＡ県が定めている施行条例は同法252条の17の３第1項でいう「条例又は規則」に該当せず、当然には市町村に適用されない。

　また、条例による事務処理の特例の制度により市町村が処理することとされた事務については、市町村の事務となるものであるから、必要に応じて、市町村が当該事務の処理のために、法令等に違反しない限り、条例又は規則を制定することができる。したがって、当該許可事務に係る手数料については、同法227条及び228条の規定に基づきＡ県の市町村が条例の定めるところにより徴収することが可能であり、この手数料は当該市町村の収入となる。

その他

Q

13　被災した姉妹都市への資金援助等

　A市では、10年前「国際化を推進する必要がある」という市長の方針に従い、○○国のB市と姉妹都市提携を行った。以後、市内の中学校や高等学校の生徒と、○○国のB市の生徒の交流を行うなど、積極的に国際交流活動を行ってきたところである。

　A市が、交流活動の関係でB市に連絡をしたところ、B市では、「数日前から大雨が降り続き、川の水が氾濫し、市内の大部分の地域において洪水による被害が発生している」という情報が入った。

　A市長はB市に対して資金援助あるいは物資の提供をしたいと考えている。このようなことは、可能であるか。

1　地方公共団体の事務

　このような援助に関しては、特段の法令の定めはなく、当該事務は自治事務であることから、基本的には、地方公共団体が地域において実施する必要があると認められる事務については、法令の規定に違反しないかぎり、その責任でこれを自己の事務として事業化し実施することができるものである。

　この事例においては、○○国のB市が日本政府により経済制裁等を受けているような国又は地域に属しているなど特別の事情がある場合を除き、原則として、このような事務を地方公共団体が行うことは可能であると思われる。

② 資金援助等と議会の議決

　資金援助について地方自治法210条は、「一会計年度における一切の収入及び支出は、すべてこれを歳入歳出予算に編入しなければならない。」こと、同法211条1項では、「普通地方公共団体の長は、毎会計年度予算を調製し、年度開始前に、議会の議決を経なければならない。」ことを、規定している。

　次に、物資の提供についてであるが、同法96条1項6号では、普通地方公共団体の議会は、「条例で定める場合を除くほか、財産を交換し、出資の目的とし、若しくは支払手段として使用し、又は適正な対価なくしてこれを譲渡し、若しくは貸し付けること」について、議決しなければならない、と規定している。

　以上のことから、この事例の資金援助、物資の提供とも、議会の議決を経る必要があるといえる。この事例の場合、議決を経ることについては、A市の議会において政策的に判断すべきであるが、それに加えて、監査委員の指摘を受けるおそれはないか、住民監査請求により支出の適正を問われる可能性はないかについて検討する必要がある。

③ 寄附又は補助

　地方自治法232条の2では、「普通地方公共団体は、その公益上必要がある場合においては、寄附又は補助をすることができる。」と規定しており、設問の資金援助及び物資の提供が、同条の公益上必要がある場合に当たるか、また、寄附又は補助に当たるかについて検討する必要がある。行政実例では、「公益上必要かどうかを一応認定するのは長及び議員であるが、公益上必要があるのかどうかの認定は全くの自由裁量行為ではないから、客観的にも公益上必要であると認められなければならない。」（行実昭和28年6月29日）とさ

れている。客観的に公益上の必要があるか否かについての判断は、最終的には司法が判断することになるのであろうが、公益上の必要性とは、各人の主観により異なる可能性が高く、このように多分に政策的な判断については、住民の選挙により選ばれたＡ市長の判断及び議員からなる議会の判断が尊重されるべきである。

　なお、公益上の必要性が認められる場合であっても、その総額がＡ市の財政規模に比して妥当であるか否かという判断も必要であろう。

14 市・町の合併に伴う諸事務手続

　A市とB町は、来年度対等合併し、新市Cを設置することが予定されている。

(1) A市、B町は年度当初から合併時点までの予算をどのように組めばよいか。また、合併までの決算についてはどうか。

(2) A市、B町が年間契約していた業務委託はC市に承継されるか。また、承継するためにはどのような手続をする必要があるか。

(3) 新市は、長の職務執行者を選任することとされているが、この職務執行者は、公平委員会の委員や監査委員を選任することができるか。

1 合併と予算決算

　地方自治法211条は、予算の調製及び議決について定めており、普通地方公共団体の長は、毎会計年度予算（4月1日から翌年3月31日までの間）を調製し、年度前に議会の議決を経ねばならないことを規定している。

　したがって、A市、B町は、合併を予定している新年度予算編成についても、年間予算を組む必要がある。その際には、法定設置された合併協議会により、予算編成に関する十分な調整を図る必要があると考えられる。

　また、同法施行令5条2項は、合併があった場合の決算について定めており、「消滅した地方公共団体の収支は、消滅の日をもって打ち切り、当該地方公共団体の長又はその職務を代理し、若しくは行う者であった者が決算する。」と規定している。なお、同令5条

３項ではこの決算を、「事務を継承した各普通地方公共団体の長に
おいて監査委員の審査に付し、その意見を付けて議会の認定に付さ
なければならない。」と規定し、同令５条５項で、「第３項の普通地
方公共団体の長が、議会の認定に付した決算の要領を住民に公表し
なければならない。」と規定している。

② 合併と私法上の契約

　次に、A市、B町が締結した年間契約について、同令５条１項は、
その地域が新たに属した普通地方公共団体がその事務を承継するこ
とを規定している。私法上の契約は、廃置分合、事務承継制度の意
義等に照らして、第三者との間に既に何らかの法律関係が形成され
るにいたっているので、すべて承継されると考えられる。したがっ
て、承継するための手続は何ら必要ないと考えられる。

　最後に、C市の職務執行者の権限についてであるが、同令１条の
２第１項による職務執行者は、監査委員を選任すべきではないとす
る行政実例がある（行実昭和42年１月10日）。この実例は長の職務
執行者は、暫定的に職務を執行するものであること、また、監査委
員には任期の保障があり、その選任に緊急性がないことから選任は
控えるべきであるという趣旨である。

15 一事不再理の原則

　A県民であるＸは、Ａ県情報公開条例に基づいて、Ａ県知事に対して公文書の公開請求をしたが、Ａ県知事は当該公文書は条例で定める非公開事項の１つである個人情報に該当するものであるとし、非公開決定をしＸに通知した。Ｘは、この決定を不服としてＡ県知事に異議申立てをしようとしていたところ、不服申立期間である60日を経過してしまった。そこで、Ｘは再び同一の公文書についてＡ県知事に公開請求をし、この請求に対する非公開決定に対して異議申立てをしようと考え、Ａ県知事に公文書公開請求書を提出した。

　Ａ県情報公開室では、Ｘの再度の請求は一事不再理の原則に反するので、請求書を受け付けるべきではないという意見がある。どのように考えたらよいか。

　一般的に、行政処分に不服がある場合には、行政不服審査法による審査請求や行政事件訴訟法による取消訴訟等により、その処分の取消しを求めて争うのが通常であるが、行政不服審査法には審査請求期間、行政事件訴訟法には出訴期間が定められているため、その期間を経過したときは争うことはできなくなる。設問のように、不服申立期間を経過したのち、再度の請求をし、それに対する処分について争うことが可能であれば、当初の処分について不服申立期間を定めている意味が失われることになる。

　一事不再理の原則とは、一度争訟手続にかけた事件については、再度同一の手続をもって争うことはできないとするものである。同一事件を再度同一の手続にかけることが可能であれば、法的安定性

を著しく損うことになるからである。ただ、行政法の一般理論で言えば、処分庁は、当初の処分に不可争力が生じた後であっても、当該行政処分に瑕疵があったと思料される場合は、これを取り消すことができるとされていることから、一事不再理の原則は、一般的には行政処分には適用されないと解すべきである。

　また、当初非公開とした事項であっても、一定時間の経過により非公開事項該当性の適用に差異が生じる場合も考えられ、この場合、同一人による同一文書の再度の請求であっても、これを拒否することはできないこととなろう。

16 第三者情報公開の取扱い

　Ａ県民であるＸは、Ａ県の情報公開条例に基づき、建築主がＡ県に提出したマンションの平面図等について開示請求を行った。このマンションの建築主及び設計者であるＹ及びＺは、これらの図面は入居者個人の財産及び私生活に関する情報であり、かつ、設計上のノウハウが含まれているため、開示されると入居者のプライバシーが侵害され、事業活動上不利益を被ると考えている。
　(1)　Ａ県知事は、開示・非開示の決定をするに当たり、Ｙ及びＺの意見を聞くべきか。
　(2)　平面図が開示されそうなとき、開示が決定される前と後のそれぞれの場合について、Ｙ及びＺにはどのような救済方法があるか。

1　第三者情報の取扱い

　第三者情報の取扱いが、県の情報公開条例等に規定されている場合は、当然規定に従って適切な手続を行うことになるであろうが、行政機関の裁量により第三者の意見を聴取することなく情報が開示されてしまうと、救済措置は、金銭による賠償のみとなる。このため、第三者情報の開示については慎重を期すべきであるが、情報を開示されることにより、結果的に著しい不利益を被る者がいると予測される場合には、あらかじめ第三者の意見聴取を行い、開示する場合にはその旨を告知するべきであろう。

　また、第三者情報の取扱いについての規定がない場合は、条例等により根拠規定を設けておくことが望まれる。

② 救済方法

　開示が決定される前の救済方法としては、開示を事前に差し止めることが必要になるため、差止訴訟の提起が考えられる。差止訴訟の訴訟要件は、①違法性が判定できると見える行政処分が近い将来になされる蓋然性が高いこと、②行政処分がなされるのを待って取消訴訟を提起したのでは権利利益の救済をなしえず、回復しがたい損害を被るような場合で緊急の必要性が認められること、である。

　設問では、既に開示請求がなされており、知事が開示の可否を検討している段階であるため、事前差止めを肯定する余地があり、差止訴訟の提起は行政の第一次的判断権を侵害するものではないと考えられる。判例上も、このような差止訴訟は一定の範囲で許されるものと解されている。

　開示が決定された後の救済方法としては、知事が行った開示決定処分に対する取消訴訟の提起が考えられる。ただし、これだけでは平面図の開示を停止させることができないため、あわせて執行停止の申立てをする必要がある。

　この取消訴訟と執行停止の申立ては、知事が開示を決定してから、請求者の開示がなされるまでの間に提起されなければならず、事実上、提起は相当困難であると考えられる。

17 行政指導における制裁措置

宅地開発指導要綱に、公共施設の建設・用地取得等に関する費用負担を課し、同要綱に従わない場合には、上下水道を供給しない旨の規定を設け、負担金の納付を求めることは違法か。

　宅地開発指導要綱は、地方公共団体が、行政区域内の宅地開発について、自らのまちづくり計画と一体となって住民の生活環境や社会資本を維持、拡充し、財政的にも正常な状態を維持して健全な発展を遂げるという行政需要に応えるため、既存の法令では不十分な場合に、開発業者に対して非権力的・非定型的働きかけを行うための行政指導である。

　行政指導とは、「行政庁が行政目的を達成するために、助言・指導といった非権力的な手段で住民に働きかけて、その協力を求め、住民を誘導して、行政庁の欲する行為をなさしめようとする作用」であるとされている。平成6年10月に施行された行政手続法においても、「行政機関がその任務又は所掌事務の範囲内において一定の行政目的を実現するため特定の者に一定の作為又は不作為を求める指導、勧告、助言その他の行為であって処分に該当しないものをいう。」（行政手続法2⑥）とほぼ同様の趣旨で行政指導を定義している。行政指導は、行政庁が法的拘束を受けずに自由に行うことができることから、行政庁は行政指導の形式を利用して、行政需要の変動に対応し、臨機応変の対応措置を講じることが可能である。ただし、法的拘束を受けないとしても、一般的に次の限界があるとされている。

① 当該行政機関の組織法上の権限に属する事項であること（同法32Ⅰ）。

② 法の明文や一般原則に反していないこと。

③ 強制にわたることは許されない（同法32〜34）。

④ 相手方が放棄できる利益の制限を求めるものでなければならない。

　なお、地方公共団体が行う行政指導については、行政手続法の規定は適用されない（同法3Ⅲ）が、「この法律の規定の趣旨にのっとり、行政運営における公正の確保と透明性の向上を図るため必要な措置を講ずるよう努めなければならない。」（同法46）と規定されている。

　これらを前提に、負担金の納付を求めることについて検討すると、宅地開発指導要綱において、公共施設の整備に必要な資金を負担金という形で開発業者から受けることについては、負担金が合理性のある積算根拠に基づいて算出され、公共施設拡充に必要な費用の一部として充てられている場合であり、開発業者の理解協力が得られる場合には妥当な手段であるといえる。すなわち負担金の納付を求めること自体は、強制にわたるなど事業者の任意性を損うことがない限り、違法ということはできない。

　これに対し、負担金の納付を求めるため、上下水道の供給停止の規定を設けること、すなわち、開発指導要綱に従わない（負担金の納付のない）業者に対して上下水道の供給を停止するなどいわゆるペナルティー条項を設けることは妥当ではない。行政指導として要綱はあくまでも任意の働きかけであり、負担金を納入しない業者に対して強制的制裁手段を講ずることはできないと解するべきである（前記③）。

　さらに、事業主が指導要綱に従わなかった場合に採ることがある

とされる給水契約の拒否という制裁措置は、水道法上許されないものであるとされている（水道法15、最判平成元年11月8日）。

　また、地方財政法4条の5の規定は割当的寄附金を禁止している。この規定は地方公共団体等が住民に対し、公権力を利用して強制的に寄附をさせることを禁じているものである。事業主に対する給水拒否等は事実上の措置であるが強力な制裁であり、強制的に寄附させるものであるといえることから、地方財政法の規定に違反するものである。

第 **2** 章

議会・議員

議会の議決

1 契約変更に係る専決処分の可否

　A町における林道建設工事契約について、当初の契約予定金額が条例で定める議決を要する金額である5,000万円を下回っていたため、議会の議決に付していなかったが、工事内容の変更により金額が5,000万円を上回るため、議会の議決が必要となる。

　当初、A町では3月3日の定例会において契約案を上程し、議決を経た後の変更契約を考えていたが、この工事契約は当初から3月25日までを工期としていることから、これ以上の工期の延長は望めない。また、契約内容を3月3日から3月25日までに履行することは不可能であることから、2月中旬までに変更契約を締結する必要があるが、この場合、専決処分とすることは可能か。

　議会の議決を経た契約を変更しようとする場合、その変更部分に議会の議決を経ている事項（通常は契約の要素となる事項。例えば、契約の目的（契約の給付の内容）、相手方、契約額等となる。）を含んでいる場合、その議決事項の変更についてはすべて議会の議決を経なければならないものである（行実昭和26年11月15日）。

　このような契約に関する議決の趣旨を考えると、いかなる軽易な事項についての変更であっても安易に専決処分をなすことは許されず、その契約の変更すべき事由が切迫している等の厳格な要件のもとに認められるべきものである。

　本事案は、当初、議決案件ではなく、変更契約により議決を要す

ることとなったものであるが、同様の考えとなる。また、地方自治法180条１項の規定により、議会の権限に属する軽易な事項については、あらかじめ指定の議決を経ることで専決処分が可能であるが、本事案の場合、契約額の変更を伴うものであり、軽易な事項とはいえない。

　同法179条１項及び２項の規定に基づく専決処分は、①議会が成立しないとき、②同法113条ただし書の場合において、なお、会議を開くことができないとき、③普通地方公共団体の長において、議会の議決すべき事件について特に緊急を要するため議会を招集する時間的余裕がないことが明らかであると認めるとき、④議会において議決すべき事件を議決しないときのいずれかに該当するときに、普通地方公共団体の長の権限として行うことを認められるものである。

　そこで、今回の事案でいう、「２月中旬までに契約変更を行う必要があること」が「変更すべき事由が切迫している」又は「特に緊急を要するため議会を招集する時間的余裕がないことが明らかであると認めるとき」に該当するかが問題となる。

　「特に緊急を要するため議会を招集する時間的余裕がないことが明らかである」ことの認定は長の自由裁量ではなく羈束裁量に属し、その事件が緊急を要し、議会を招集してその議決を経て執行すればその時期を失するなど、その招集に暇がないことについての認定には客観性を要すると解すべきであるとされている（行実昭和26年８月15日）。

　本事例の場合、１月下旬から２月中旬の間に議決対象となる議案を定め、町村の場合、開会の３日前（緊急を要する場合はこの限りではない。）までに告示し、臨時会を招集し議決することは十分に可能であると考えられる。

　したがって、契約変更の議案の議決を行う時間的余裕がないことが明らかであると客観的に認められず、同法179条１項に該当しない場合は、臨時会を招集し議決をするべきと考えられる。

Q 2 不動産（土地）の取得処分に当たっての議会の議決の要否

不動産（土地）の取得処分については条例で議会の議決が必要な面積及び金額を定めているが、金額のみが要議決額を超える場合にも議決が必要か。

地方自治法96条1項8号では、「前2号に定めるものを除くほか、その種類及び金額について政令で定める基準に従い条例で定める財産の取得又は処分をすること。」と議会の議決事件を定めている。

これを受けて同法施行令別表4に、条例制定の際基準とすべき事項を規定している。

この基準では、動産及び不動産のうち家屋については当該物件の価格を基準としているが、土地については、その価格とともに面積をも基準としている。

そこで土地の取得処分に当たり、議会の議決を要すべき財産とは、2つの基準（面積と金額）をともに超えるものをいうのか、それともどちらか1つを超えるものも該当するのかについては明文の規定を欠いている。

しかし、このことについては行政実例において「取得処分に当たって議会の議決を要すべき土地とは、地方自治法施行令別表2（現行法では別表4）に定める2つの要件を2つとも満たした場合をいい、その1つを満たすのみでは、議決事件とはならない。」と回答していることからも、本問の場合、議会の議決は必要としないと考えられる（行実昭和39年4月30日）。

3 複数の所有者からの2年にわたる土地の取得

　公共施設用地の取得に際し、地権者が複数存在する土地を、2年にわたり購入する。各年度に購入する土地を別件と扱えば、要議決額を下回るが、全体を一体として扱うならば要議決額を上回る。この場合の取扱いはどうすべきか。

　地方自治法96条1項8号は、財産の取得又は処分について、条例で定める重要なものについては議会の議決を要する旨を定めている。さらに、この規定を受け、同法施行令別表4（同令121条の2関係）でその基準を、土地については、1件の面積が一定以上のもので、かつ金額が予定単価以上のものに限るとしている。

　この議会の議決の必要性を判断する単位、すなわち、土地の「1件」の定義については、「土地の買入れ又は売払いの目的を妨げない限度における単位において判断されるべきもの」（行実昭和38年12月19日）と解されており、特段の事情がない限り、当該土地を取得または処分する際の「契約の単位」を意味すると解するのが相当であると考えられる（名古屋高判平成26年5月22日）。

　なお、通常1個の売買契約によって購入すべき不動産を、正当な理由もなく細分化して複数の売買契約を締結したような場合には、上記の趣旨を潜脱するものとして違法となる余地はある。

　本件については、土地を複数の所有者から数か年にわたり取得する場合であり、不動産の売買契約は、それぞれの不動産所有者との間で個々に契約が締結されるのが通常であるから、個々の売買契約

の対象となる土地が基準を下回っている場合は、議会の議決は不要と解される（東京高判平成23年10月25日）。

　また、通常、会計年度をまたがり経費の支出を伴う契約をするためには、債務負担行為や継続費の措置がとられるべきであるが、特別の理由により、単年度ごとの予算措置により取得することとしているとき、契約の締結は予算に従って行われるものであり、かつ、契約の相手方、金額等まで議決要件となるため、議決は技術的にも不可能である。

　したがって、今回の場合も、予算との関連上、初年度と次年度における買入れを別々な「1件」として取り扱うことは差し支えないと考えられる。

Q

4　「財産の取得又は処分」に係る議決の要否

　市の区域内において独立行政法人Ａが第一種市街地再開発事業を施行している。この事業を進めるに当たっては、都市再開発法82条に基づき同法人が作成する権利変換計画において、従前市が所有していた市道に代えて、新たに市道としての用に供される土地は、市に帰属するべきことを定める必要がある。

　こうした場合、地方自治法96条1項8号に基づく、「財産の取得又は処分」に係る議会の議決は必要か。

　地方自治法96条1項8号に規定する重要な財産の取得又は処分については、地方公共団体の財政又は住民の日常生活に与える影響が大きいこと等から、議会の関与を義務付け、これらの事務処理が住民の代表の意思に基づいて適正に行われることを期待しており、この場合における財産の「取得又は処分」とは、地方公共団体が自らの意思に基づいて財産の所有権を取得し、又は処分することを指している。

　一方、都市再開発法82条は、従前の公共施設を廃止してそれに代わる新たな公共施設を設置する場合の土地の交換について規定しており、これは、地方公共団体の財産の処分に関する法令（地方自治法）についての特例を定めたものである。

　したがって、本件の「新たに市道としての用に供する土地の帰属」は、特別法たる都市再開発法に基づき当然に市が取得するものであり、市の意思が働く余地もないため、議会の議決は不要である。

5　権利変換についての議会の議決の要否

(1)　第一種市街地再開発事業に伴い、その参加組合員として権利変換により建物及び土地を取得する場合、議会の議決を要するか。

(2)　第一種市街地再開発事業に伴い、施行者である市が取得した施設建設物のうち、都市再開発法108条１項の規定により譲渡する部分（いわゆる「保留床」）を市が公の施設として取得する場合、議会の議決を要するか。

(1)　地方自治法96条１項５号が一定の「契約」を対象としていること、同項８号にいう「基準」を定めた同法施行令別表４が「買入れ」という文言を用いていることなどを考え合わせると、議決を要する財産の取得は、売買等の私法上の契約に基づくものであると理解することができる。そこで、権利変換による参加組合員としての不動産の取得が私法上の契約によるものといえるかどうかで、議会の議決の要否を判断することになる。

都市再開発法による参加組合員への権利変換は、その計画が総会の過半数の議決により決定されること、取得は〈縦覧→意見書の提出→認可→公告〉という手続により効力が生ずる仕組みになっていること、組合の行う権利変換処分に対しては、行政不服審査法による審査請求ができること、などを考え合わせると、本件は通常の私法上の契約に基づくものとはその性格を大きく異にするといえる。

このようなことから、本件の建物及び土地の取得については、議会の議決を要しないと考えられる。なお、本件と類似した例として、

土地改良法に基づく市町村による創設換地の取得に当たり、議会の議決を要しないとした行政実例がある（行実昭和57年8月28日）。

　(2)　本件の場合、第一種市街地再開発事業の施行者としての市と、財産を公の施設として取得する市とは、同一法人であるから、法律上、財産の所有権の移転はない。この場合、単に同一法人内において内部的に財産の所管換えが行われるに過ぎないことから、議会の議決は不要であると考えられる。

　なお、都市再開発法108条2項の規定により、第一種市街地再開発事業の施行者としての市が当該事業により取得した施設建築敷地等の管理処分については、当該地方公共団体の財産の管理処分に関する法令の規定は適用されないことになっており、その法令のなかには地方自治法も含まれることから、その処分に当たっては、議会の議決は必要ない。

6 　和解による場合の損害賠償額の議決

　公用車と相手方自家用車の交通事故に関して、Ａ市側と相手方双方に損害及び過失があり、かつ、相手方の過失割合が大きかった。Ａ市側には、損害額を相殺して、相手方から損害賠償金が支払われる。このようなケースにおいて、地方自治法96条１項13号による損害賠償の額を定めることについて議会の議決を得る必要があるか。

　地方自治法96条１項13号によると、議会の議決すべき事件として、「法律上その義務に属する損害賠償の額を定めること」を規定している。

　地方公共団体が損害賠償の義務を負うことについて議会の議決に係らしめているのは、その賠償額の決定が地方公共団体にとって異例の支出義務を負うものであるとともに、その責任の所在を明らかにし、賠償額の適正を図るための趣旨によるものである。つまり、損害賠償額の決定について執行機関の事務を監視して、その適正な事務処理を担保することにあるものと解されている。

　さて、質問のケースについて、損害賠償額の決定に際してどのように取り扱うべきかが問題となる。

　相手方からＡ市に支払われる損害賠償額の方が多いために、過失相殺の結果、Ａ市は損害賠償金の支払義務を免れるから、議会の議決を得る必要はないという考え方もあるが、地方公共団体としての責任の所在を明らかにして、損害賠償額の適正化を図るためには、当該地方公共団体が、被害者に対して、実際上いくら支払うかについてではなく、最終的に、法律上いくらの損害賠償義務を負うこと

になるかということについて議会の議決を得る必要がある。

　また、地方公共団体が相手方に対し、損害賠償金を支払う必要が実際上全くなくなった場合であっても、当該地方公共団体が適正であるとする損害賠償額について、議会の議決を得る必要がある。

　しかし、客観的に見て緊急を要する状況にあり、かつ臨時議会を招集する暇がない等の場合には、同法179条1項の規定に基づき、団体の長が専決処分を行い、損害賠償金を支払うことは可能である。

　また、同法180条1項の規定に基づき、軽易な事項として一定の限度額までは、団体の長の専決処分をすることができる旨、あらかじめ議会の議決により特に指定しておけば、団体の長の専決処分とすることができる（行実昭和26年10月15日）。

Q 7 錯誤のある議決の修正

道路法に基づく市道の路線認定の議決を得て公示を行った後に、市道の地番が誤りで、現実に存在しないことが判明したため、議案を正しい地番に修正のうえ、再議に付したいが可能か。また、再議が可能な場合、その議決時期は当初の議決時まで遡及するのか。

1 議決の無効と再議

市町村道とは、市町村の区域内に存する道路で、市町村長がその路線を認定したものをいい（道路法8条1項）、市町村長がその路線を認定しようとする場合においては、あらかじめ当該市町村の議会の議決を経なければならない（同法8条2項）。

一般的に、行政行為について、その行為に「明白かつ重大」な瑕疵がある場合、当然に無効となり、その他の瑕疵がある場合は取り消し得べき行為となる。行政処分が当然無効であるというためには、処分に重大かつ明白な瑕疵がなければならず、ここに重大かつ明白な瑕疵というのは、「処分の要件の存在を肯定する処分庁の認定に重大明白な瑕疵がある場合」を指すものと解すべきとされている（最判昭和36年3月7日）。

地方自治法176条4項は、普通地方公共団体の議会の議決が法令若しくは会議規則に違反すると認めるときは、当該普通地方公共団体の長に理由を付して再議に付すことを義務付けており、無効な議決についても、それが形式的に議会の行為として一応公定力を有する限り再議に付すべきであると考えられている。

2　議案の修正

　再議とは、当初議決がなかったこととして、改めて議会の審議を求めるものであり、議案の内容を修正することはできない。このため、方法としては錯誤のある議案のまま再議に付して、議会修正をかけることが考えられるが、長の事務執行の前提行為としての議案についての修正権については、同意不同意の選択しかあり得ず、道路法に基づく路線認定についても議会修正権は無いものと考えられる。

　したがって、本件を再議するに当たっては、錯誤のある当初議案のまま再議に付し、これを不同意とし、しかるべき後に、正しい地番による路線認定の議案を新たに提出すべきである。

　国会においては、議案に誤りがあった場合、単純な誤りについては「正誤」と呼ばれる簡易的な方法で対処されることが一般的であるが、これは法規・先例には既定のない慣例的なものである。過去の国会議論において、「正誤」とは「ある意思について、誤植等により意思表示に誤りが生じた場合に、本来の意思に沿う形に手直しすること」との解釈が示されている（第28回国会参議院議院運営委員会昭和33年2月3日）。ただし、単純な誤りであったとしても、それが議案の実質的な内容に関わる場合には、「正誤」による対処が認められない場合もある。

　なお、行政区画の変更、地名の変更その他道路の実体に関係のない他の理由により、路線認定の公示に記載された事項を変更することは、路線の変更と考えるべきではなく、単に公示の内容を変更又は訂正すれば足りるとされている。何らかの必要があって、起点を終点に、終点を起点にすること、路線名を変更すること等も同様である。この場合は、議会の議決及び建設大臣の認可を要しないことは勿論であるが、都道府県道の路線に係る事項については、遅滞なく建設大臣に報告することとされている（道路局長通達建設省道発

第416号昭和29年11月17日）。

 議決時期

　再議により、当初議案は遡及して効力を失う。新たな議案について議決を得るのだから、議決時期は当然新しい議決時期となる。

Q

8 暫定予算が否決された場合の専決処分の可否

　Ａ市議会では、３月、６月、９月の各定例会に提出した当初予算がいずれも否決されたため、暫定予算を提出したところ、その暫定予算についても否決されてしまった。

　この場合、専決処分を行うことが想定されるが、地方自治法179条１項で規定する専決処分の要件である「議会において議決すべき事件を議決しないとき」の「議決」に暫定予算の否決も含まれると考えられるか。

1 専決処分について

　地方自治法179条１項の規定において、普通地方公共団体の長は、①議会が成立しないとき、②同法113条ただし書において、なお会議を開くことができないとき、③特に緊急を要するため議会を招集する時間的余裕がないことが明らかであると認めるとき、又は④議会において議決すべき事件を議決しないときは専決処分をすることができるとされている。

　今回の事案の場合、暫定予算の否決が「議会において議決すべき事件を議決しないとき」に該当するかが問題となるが、否決は議決の一種であるから、議決しないときには該当せず、専決処分を行うことはできない。

2 再議について

　暫定予算が否決されて、専決処分もできない場合、予算執行に支障が生じることが問題となるため、同法176条及び177条で規定する

再議について検討する必要がある。

　同法176条で規定する再議について、同条の規定では普通地方公共団体の議会の議決について異議があるときは、当該普通地方公共団体の長はその議決の日（条例の制定若しくは改廃又は予算に関する議決については、その送付を受けた日）から10日以内に理由を示してこれを再議に付することができるとされている。

　しかし、同法176条1項でいう議決とは、当該議決が効力を生ずることについて又はその執行に関して異議若しくは支障のある議決をいうのであって、否決されたものについては、効力又は執行上の問題は生じないので再議の対象とならない（行実昭和26年10月12日）。

　次に、同法177条で規定する再議について検討してみると、同条1項において「議会において次に掲げる経費を削除し又は減額する議決をしたときは、その経費及びこれに伴う収入について、当該普通地方公共団体の長は、理由を示してこれを再議に付さなければならない。」と規定され、「次に掲げる経費」として、「1　法令により負担する経費、法律の規定に基づき当該行政庁の職権により命ずる経費その他の普通地方公共団体の義務に属する経費」、「2　非常の災害による応急若しくは復旧の施設のために必要な経費又は感染症予防のために必要な経費」を掲げている。

　今回の事案でいう「暫定予算の否決」についてであるが、行政実例（昭和30年3月19日）においては「176条1項の規定は、否決された議決については適用することができないと解されるが、177条2項及び3項（現行法では1項及び2項）の規定は、義務費等特殊の経費に関する特別規定であって、否決は経費の削除と解すべく、この場合は再議に付すことができる。」とされているため、同法177条1項1号に該当すると解し、A市長が理由を示して再議に付さなければならない。

　なお、再議に付した暫定予算が再度、否決された場合は、Ａ市長は同法177条２項の規定により、否決（又は削除、減額）された経費及びそれに伴う収入を予算に計上してその経費を支出することができる。

議会運営

Q

9　市議会の傍聴を認める範囲

市議会の傍聴者を市民に限定することができるか。

　普通地方公共団体の議会の会議を公開することについては、地方自治法115条1項で規定されている。

　この「公開」とは、その文言や憲法上の要請に照らし、議員以外の者が会議の内容を自由に見聞できるようにすることをいい、傍聴（参観）を認めることであると同時に、議会の運営に関する報道の自由（会議録の公表・頒布を含む）及び同法123条の規定に基づいて調製された会議録の閲覧をも認める趣旨であるとされている。

　このことから、傍聴者を市民に限定することはできないと解される。

Q

10 代表者の記載のない団体からの請願

　地方自治法124条では、「普通地方公共団体の議会に請願しようとする者は、議員の紹介により請願書を提出しなければならない。」とある。

　この「請願」とは、日本国憲法16条にいう請願と同様の趣旨を指す観念であり、請願の主体は自然人に限られず法人その他の団体についても請願権が保障されるものである。さて、Ａ市において、代表者の記載のない団体から請願が提出された。

　しかし、Ａ市の市議会会議規則には、「請願書には、邦文を用い、請願の趣旨、提出年月日、住所（法人はその所在地及び名称）を記載し、請願者（法人は、代表者）が、自署又は記名押印しなければならない。」とあるため、この請願書を受理することができないと考えるが、いかがか。

① 請願書の記載事項

　地方議会に対する請願については、地方自治法及び会議規則の定めるところにより扱われるものであり、地方自治法はその具体的処理手続を会議規則に委ねている。

　全国都道府県議会議長会、全国市議会議長会及び全国町村議会議長会が定めている標準議会会議規則では、請願者が議会に提出する請願書の様式について、「請願の趣旨、提出年月日及び請願者の住所を記載し、請願者の署名又は記名押印」を義務付けており（標準議会会議規則　都道府県88Ⅰ、市139Ⅰ、町村89Ⅰ）、これに則り、Ａ市の議会も前記設問のような会議規則を定めているところである。

② 制約の許容範囲

さて、ここで、会議規則に住所・氏名等の記載を求めることが、請願権の制約に当たらないかという問題が生じるが、これについては、請願者にも当該請願に対する責任を認識させ請願内容の質を高めること、また、事務局における請願整理のうえからも許される範囲のものであり、権利救済手段たる請願書を提出する場合に具備すべき標準的体裁であると解されている。

さらに、行政実例（昭和29年7月26日）では、「会議規則に規定する請願者の住所、氏名、年齢あるいは押印のない請願及び陳情は受理できない。」とされている。

以上により、議会会議規則で定める事項を欠く請願は受理できないと解され、お見込みのとおりであるが、要件を欠く請願が提出された場合、議会としては、請願を補正させる等のうえ、なるべく不受理としないよう措置することが妥当である。

11 会議録から削除する「無礼な発言」

　A市議会の本会議において、Ｘ議員が「市長と議員がぐるになればどのような勝手なこともできる」と発言した。議長は同発言を議会の品位を傷つけたものとして取消しを命じたが、Ｘ議員は応じなかった。後日、議員及び関係者に配布された会議録からは、同発言がＸ議員の承諾なしに削除されていた。このような削除は許されるか。

　地方自治法123条に規定する会議録は、会議に関する唯一の公の記録であり、会議に関する争訟が生じた場合の有力な証拠書類となるものであり、会議の経過をありのままに記録しておくことを使命とするものであるから、これを修正したり、抹消したりすることは許されないものである。したがって、同法129条の規定により議長が発言の取消しを命じた部分といえども、原本にはそのままを記載しておかなければならない（行実昭和33年3月10日）。しかしながら、本問において問題となっている会議録は、原本そのものではなく、議員及び関係者に配布するために調製されたものであり、発言の取消し部分を記載するか削除するかの判断については、基本的には当該地方公共団体の議会の会議規則に定めるところによることとなる（行実昭和38年4月11日）。

　しかしながら、配布用の会議録であれば、いかなる削除も許されるという訳ではなく、秘密会の議事や議長が取消しを命じた発言等についてのみ削除ができると考えるべきである。この点、地方自治法は132条で、「普通地方公共団体の議会の会議又は委員会においては、議員は、無礼の言葉を使用し、又は他人の私生活にわたる言論

をしてはならない。」と規定し、同法129条１項で「普通地方公共団体の議会の会議中この法律又は会議規則に違反しその他議場の秩序を乱す議員があるときは、議長は、これを制止し、又は発言を取り消させる」ことができるとしている。

　本問においては、議長がX議員の発言を議会の品位を傷つけるものとして取消しを命じているが、これが同法132条にいう「無礼の言葉」と解しうるものであるかどうかの判断は、かなり微妙なところであろう。議会においては何にも増して自由闊達な雰囲気の中での活気のある言論が期待されるものであり、特に議会は執行機関を監視し牽制する諸々の手続を与えられており、その一環として執行機関に対しその事務に関し説明を求め意見を述べることができるのであって、このような場合に、議員が質問し意見を発表するのに、その言辞が勢い痛烈になることもやむを得ないものというべきであろう。このために相手方の感情を反発することがあったとしても、軽々しくその言論を抑制すべきではない。

　判例では、地方自治法第132条にいう「無礼の言葉」とは、「議員が附議された事項について自己の意見や批判の発表に必要な限度を超えて議員その他の関係者の正常な感情を反発する言葉であり、このような意見や批判の発言である限り、たとえ、その措辞が痛烈であって、これがために他の議員等の正常な感情を反発しても、それは議員に許された言論によって生ずるやむをえない結果であって、これをもって議員が同条にいう「無礼な言葉」を用いたものと解することはできない」（札幌高判昭和25年12月15日）としている。本問の発言内容からはこれが「無礼の言葉」に当たるか否かは必ずしも断定できない。同発言が市政とは直接的に関係のないところから出たものであったり、個人的な人身攻撃の色彩が濃いものであったりすれば、同法132条に触れるものと思われるが、一般的なものの見

方として同発言がなされたものであるならば、同条に触れる内容とは考えにくいものと思われる。いずれにせよ、議員の言論を尊重する観点からも、配布用の会議録の調製に当たっては、その発言がなされた趣旨、経過、背景等を総合的に考慮のうえ、慎重な判断が必要とされるであろう。

12 補正予算の提出の時期

　A市で、○年度予算案を3月議会で可決している。その後、歳入予算の内容について変更する必要が生じたため、3月31日開催の臨時会に補正予算案を提出したい。会計年度開始前の補正予算案の提出に問題はないか。

　地方自治法218条1項は、普通地方公共団体の長は、予算の調製後に生じた事由に基づいて、既定の予算に追加その他の変更を加える必要が生じたときは、補正予算を調製し、これを議会に提出することができるとしている。

　また、同法211条1項で、予算の調製及び議決について、普通地方公共団体の長は、毎会計年度予算を調製し、年度開始前に、議会の議決を経なければならないと規定している。

　本問の場合、同法218条1項では「予算の調製後に」としていることから、会計年度開始前の補正予算案の提出は可能であると解する。なお、当初予算案の議決前でも、補正予算の提出はできるとした行政実例（昭和28年7月1日）もある。

　しかし、当初予算議決前に補正予算の議決をすることは、当然ながらできない。

> ## Q
> # 13 予算の見込みがつかない条例の議員提出
>
> 　一部議員より、特定区域の自然保護を目的とした条例を議員提案しようとする動きがあるが、長はその条例案に反対の意向を示しており、条例が成立してもその経費を予算措置しないことを検討している。
> 　この場合に、予算の見込みがつかない条例案を議員が提出することはできないと考えるが、どうか。

　地方自治法222条1項は、新たな予算を伴う条例は、必要な予算上の措置が講ぜられる見込みが得られるまでは議会に提出してはならないと規定しているが、本条は、長が議案を提出する際の規定であり、議員提案の議案には適用されない。しかし、議員提案をする際には、本条の趣旨を尊重し、あらかじめ長との連絡を図って財源の見通しなどについて意見の調整をすることが適当であるとする行政実例（昭和32年9月25日）がある。

　したがって、予算の見込みがつかない条例案を議員が提出することは、法律上可能ではあるが、適当とは言えない。

　なお、条例案が可決された場合、長がその議決に異議があるときは、条例の送付を受けた日から10日以内に理由を示して再議に付することができる（自治法176Ⅰ）。長が再議に付した場合、出席議員の3分の2以上の者の同意が得られないときは、その原案は廃案となる（同法176Ⅲ）。

議　員

Q

14　議員の兼業禁止

　Ａ市主催の夏祭りの業務を受託するために新設する予定の夏祭り実行委員会〈Ａ市内の任意団体・法人格なし〉の会長にＡ市議会議員が就任しようとする場合、地方自治法92条の２の兼業禁止規定に違反しないか。

1　議員の兼業禁止規定の趣旨と内容

　普通地方公共団体の議会の議員は、当該普通地方公共団体に対し請負をする法人の役員を兼ねることができないとされる。この制度は、議員が当該普通地方公共団体の具体的な事務執行に直接的、間接的に与える影響力が大きいことから、時によって不正な事実が介在しやすく、また、住民から疑惑を招きやすい請負契約に関して、議員の公正な職務の執行を担保し、また地方自治体の職務の公正さを確保するために設けられたものである。

　令和４年の地方自治法改正により「請負」の定義について、「業として行う工事の完成若しくは作業その他の役務の給付又は物件の納入その他の取引で当該普通地方公共団体が対価の支払いをすべきもの」と明確化された。また、議会の適正な運営を確保する観点から、議員の個人による請負について、政令で定める額（年間（一会計年度）300万円）の範囲内で可能となった。

　この改正は、近年、地方議会議員選挙において、投票率の低下や無投票当選の増加の傾向が強まっており、議員のなり手不足への対応が喫緊の課題となっていることを踏まえて行われるものであり、

議会運営の公正を保障するとともに、事務執行の適正を確保するという地方自治法92条の2の規定の趣旨を変更するものではないとされている。また、議会運営の公正、事務執行の適正が損なわれることがないよう、例えば、条例等の定めるところにより、地方公共団体に対し請負をする者である議員が、当該請負の対価として各会計年度に支払を受けた金銭の総額や請負の概要など一定の事項を議長に報告し、当該報告の内容を議長が公表することとするなど、各地方公共団体において、議員個人による請負の状況の透明性を確保するための取組を併せて行うことが適当であるとされている。

② 「請負」の対象と範囲

　本問について検討すると、夏祭り実行委員会が権利能力なき社団としての要件を具備している場合、法人に関する規定を適用するものと解される。権利能力なき社団に該当するためには、団体としての組織を備え、多数決の原則が行われ、構成員の変更にかかわらず団体そのものが存続し、その組織によって代表の方法、総会の運営、財産の管理その他団体としての主要な点が確定していることを要するものと解される（最判昭和39年10月15日）。また、夏祭り実行委員会会長という地位は、条文にいう「これらに準ずべき者（法人の無限責任社員、取締役（現行法では「執行役」が追加されている。）若しくは監査役と同等程度の執行力と責任とを当該法人に対して有する者の意（行実昭和31年10月22日））」ということができる。

　また、A市からの業務委託が請負に該当するかについては、請負には経済性、営利性のほかに、一定の時間的継続性、反復性が要求され、単発的な取引行為は請負には該当しないものと解される。また、法人の場合にあっては、「主として同一の行為をする」という条件を付せられているが、これについては「当該会社の業務の主要

な部分が団体若しくはその機関との請負によって占められている場合を指すものと解されるが、具体的には個々の事実によって判断する外はない。……請負額が50％以上を占めるような場合は明らかに法に該当するものと解される」（行実昭和32年5月11日）とされている。本問の場合、まず「夏祭り実行委員会」については市の業務を受託するために新たに団体を創設するとのことであるから、今後とも市の夏祭り業務を継続して受託する予定となっており、また、市からの委託業務を引き受けるために設立される団体であるところから、請負額の100％近くが市からの委託によるものと考えることができる。

　以上により、当該団体が権利能力なき社団であり、その請負額が50％以上であると仮定した場合、本件業務委託契約は地方自治法92条の2の「請負」に該当するものということができ、A市議会議員の会長就任は同条の兼業禁止規定に違反するものと考えられる。なお、最終的に当該事項が兼業禁止の規定に該当するかどうかは、同法127条1項により、出席議員の3分の2以上の多数により決定される。

Q

15　副議長の辞職の許可

　会期中、副議長から辞表の提出があったが、本会議に報告しないまま閉会した。閉会中に、これを許可してよいか。また、閉会中に辞表が提出された場合はどうか。

　地方自治法108条において、「普通地方公共団体の議会の議長及び副議長は、議会の許可を得て辞職することができる。但し、副議長は、議会の閉会中においては、議長の許可を得て辞職することができる。」と規定している。このことからも、設問の後段に関してはそのとおり議長の許可を得て辞職することができる。

　また、会期中に副議長から辞表の提出があった場合、議長が本会議に報告することもなく閉会したときは、議長は閉会中にこれを許可しても差し支えないと解されている（行実昭和33年1月23日）。

Q 16 委員長の不信任議決

常任委員会の委員長が、委員会の開会を宣言しない場合、委員長の不信任議決は可能であるか。できない場合、他に方法があるか。

1 常任委員会の委員長の不信任議決の問題

地方自治法では、109条で常任委員会、議会運営委員会及び特別委員会について規定し、同条9項で「前各項に定めるもののほか、委員の選任その他委員会に関し必要な事項は、条例で定める。」と規定している。そして、標準委員会条例において、「委員会は、委員長が招集する。」（標準委員会条例　都道府県12Ⅰ、市15Ⅰ、町村13Ⅰ）と示されており、各地方公共団体の議会は概ねこれにしたがって条例を制定している。このような定めがある場合、委員会は、委員長の招集行為がなければ具体的な活動に入ることはできず、したがって、不信任議決をすることもできない。また、「地方自治法中には、議長又は副議長に対する不信任議決に対して法律上の効果を附与した規定はない。従って、不信任議決を受けた議長又は副議長が自己の意思によって辞職する場合は格別、しからざる限り、不信任議決によってその職を失うものでない」（行実昭和23年8月7日）とされているところから、常任委員会の委員長についても、その不信任議決には法的効果が生じないものと解すべきである。

2 他に委員会を開会する方法

（1）　当該団体の議会に「委員の定数の半数以上の者から審査又は調査すべき事件を示して招集の請求があったときは、委員長は、委

員会を招集しなければならない。」（標準委員会条例　都道府県12
Ⅱ、市15Ⅱ、町村13Ⅱ）というような定めがある場合、委員長が招
集の請求に応じないときは、条例違反として責任を追及されること
となる。

　委員会については、地方自治法114条１項の議員の開議請求の規
定の適用はないから、委員長に事故あるものとして、副委員長が委
員長の職務を行って委員会を開くことはできないと解されるが、委
員会条例に同項と同様の規定を設けていれば可能である。

　(2)　「委員会において互選した委員長が、委員会において全委員
から不信任議決を受け、辞任を求められたるも辞任しない場合、委
員会（委員長不在のまま）は別に委員長を選挙して委員長の職務を
行わしめることはできない」（行実昭和29年12月４日）。

　(3)　委員長及び副委員長の選任の方法は、委員会条例の定める
ところにより、各常任委員会において互選する方法（標準委員会条
例　都道府県６Ⅱ、市９Ⅱ、町村８Ⅱ）が一般的であるが、議会に
おいて常任委員の中から選任する方法も可能と解されている。常任
委員長解任の権限を議会に与える規定を設けることは違法ではない
が、常任委員会制度の本旨に鑑み適当ではない（行実昭和23年４月
１日）。

Q

17　議長及び議員の除斥

(1)　Ａ建設会社の取締役となっている市議会議員を委員とする委員会が、Ａ建設会社の設計等関連について審議する場合、当該委員の除斥を要するか（陳情に対する審査であり、この市議が委員となっている。）。
(2)　同市議について、「マンション規制要綱」の改正を求める請願を委員会で審議する場合（この議員が委員である。）、除斥を要するか。
(3)　除斥すべき委員を、審議の段階で除斥せずに議決の際にのみ除斥した場合の議決の効力はどうか。

1　除斥についての問題

　地方自治法では117条で議長及び議員の除斥について規定している。この規定は、議会の会議についての規定であり、常任委員会や特別委員会の会議については直接適用されるものではないが、委員会条例により同様の規定を設けているのが通例である（標準委員会条例　都道府県15、市18、町村16）。

　除斥の事由は、①自己若しくは父母、祖父母、配偶者、子、孫若しくは兄弟姉妹の一身上に関する事件、又は②自己若しくはこれらの者の従事する業務に直接の利害関係のある事件についてである。

　一身上に関する事件は、当該個人にとって直接的かつ具体的な利害関係がある事件に限られる。ここにいう一身上に関する事件とは、必ずしも地方自治法に基づく議事のみに限るものではないが、同法に基づくものを例示すると、解職請求による主要公務員の解職の決定（自治法86Ⅲ、87）、条例で定める契約の締結及び条例で定める財産の取得又は処分（同法96）、議長及び副議長の辞職（同法108）等がある。また、従事する業務に直接の利害関係のある事件

の「直接の利害関係」には、利害が間接的なもの又は反射的なものは含まれない。例えば、議員報酬に関する条例のような一般的、普遍的な事案については、たとえ条例案中に規定している事項が特定の議員の利害に関係していても当該議員は除斥されない。一方で、議員が取締役社長、理事長その他会社、公社等において常時支配力を有する地位にある場合において、その会社、公社等が普通地方公共団体と同法96条１項５号の契約を結ぶ場合、父母、子、孫、兄弟姉妹等が同様の地位にある会社と市が同様の契約を結ぶ場合は、「自己若しくはこれらの者の従事する業務に直接の利害関係のある事件」に該当し、除斥の対象となる（行実昭和45年11月20日）が、これらの者が会社、公社等の一般の社員や単なる株主である場合は、その利害は間接的であり除斥の対象とはならない。

② 本問について

(1)のケースは、委員会のメンバーである議員本人が取締役として従事している建設会社の設計等についての陳情に対する審査であり、委員会の決定については直接の利害関係が生じる可能性が十分に予想される。よって当該議員は除斥の対象となる。

(2)のケースは、当該市のマンション全体に係る一般的な規制の改正を求める請願についての審議であり、委員会の決定がＡ建設会社に利害関係を生じさせたとしても、直接的に個々の委員に関係するものではないと解される。よって当該議員は除斥の対象とはならない。

(3)の除斥の時期は、その事件が議題に供されたときである（行実昭和33年３月31日）。除斥すべき議員が出席したまま審議が行われたのであれば、当該議員が発言しなかったとしても出席していたことで他の議員の判断に影響を与えた可能性があることから、違法な審議である。本条の除斥の規定に違反してなされた議決は当然には無効とならないと解されるが、地方自治法176条４項の規定により再議に付すべきである（行実昭和25年10月３日）。

Q

18　議員の失職と支払った報酬の取扱い

　Ａ市のＭ議員は、立候補して選挙活動を行っていた際に選挙運動者に対して金品を渡していたことが判明し、裁判の結果、公職選挙法221条の買収罪で罰金刑の判決が確定した。この場合、Ｍ議員は失職するのか。失職する場合、いつの時点から失職することになるか。また、今まで支給していた報酬については返還させなくてはならないか。

1　議員の失職

　地方自治法127条では、議員が被選挙権を有しない者であるとき、又は同法92条の２の規定に該当するときは、その職を失う、と規定している。本件の場合、公職選挙法221条で罰金刑が確定していることから、同法251条の規定により当選人の当選は無効となり、議員としての地位を失うこととなる。

　この場合に、Ｍ議員はどの時点から失職しているのかということが論点となる。議員になった時点なのか、判決が確定した時点なのかという点であるが、地方自治法128条の身分保障の適用はなく、公職選挙法に抵触する事実が発生し、失職の規定に抵触した時点まで遡ることができるので、本件については、議員当選時まで遡ることとなる（行実昭和39年７月10日）。

2　報酬の返還

　既に支給した報酬については、議員当選時まで遡って失職となっているため、Ｍ議員が受け取ってきた報酬は条例に基づかない給付

と位置づけられる。そのため、M議員は不当利得を得ていることとなるため、A市はM議員に対して民法703条に基づく不当利得返還請求権を持つこととなる。

　しかし、M議員は刑の確定まで議員活動を行い、議事に参画するなどA市に対して実際の役務を提供していることから、法律の根拠なくして役務の提供を受けたA市も不当利得を得ていることとなり、M議員には当該役務に対する反対給付の請求権を有していることとなる。

　このような場合、公職選挙法251条により当選が無効とされた当選人による議員活動について、当該当選人が議員活動を全く行わなかったなどの特段の事情がない限り、普通地方公共団体は、当該議員活動により当該当選人に支給された議員報酬及び期末手当と対価的に均衡する利益を受けたとみて、法律上の原因なく議員報酬及び期末手当と同額の利益を受けたものと解するのが相当であり（大阪地判令和3年12月23日）、その場合は、不当利得返還請求権も生じないことになるため、既に支給した報酬について、M議員はA市に対して報酬を返還しなくてよいと解すべきである。

　また、このときの予算措置について、不当利得返還請求権が生じない場合においては、予算措置を講ずる必要はない（行実昭和41年5月20日）とされていることから、歳入予算及び歳出予算それぞれを措置する必要はない。

　なお、令和5年12月12日最高裁判決において、新たな判断が示された。判決は、上記のような事例において、「議員の選挙における当選人がその選挙に関し公職選挙法251条所定の罪を犯して刑に処せられた場合には、当該当選人は、自ら民主主義の根幹を成す公職選挙の公明、適性を著しく害したものというべきであり、（中略）同条の規定により遡って議員の職を失った当選人が議員として活動

を行っていたとしても、それは市との関係で価値を有しない」として、市が支払った議員報酬などについて、その全額の返還を命じたものであり、従来の上記解釈を覆すものである。裁判長は、補足意見において、「従前は、当選人に支払われた議員報酬等の取扱いについて十分な議論がされることなく、当選人に対する不当利得返還請求をしないとの運用が行われてきたようにうかがわれるが、他の地方公共団体も含め、本判決を機にこうした問題についての議論が尽くされることを期待したい」と述べており、国等に対して議論を促している。法改正等、今後の展開について注視が必要である。

19　附属機関の委員

A市では、市長が情報公開制度を見直すため、附属機関として情報公開制度検討委員会を設置することとした。この場合、市議会議員を委員にすることが可能であるか。

1　附属機関の設置

地方自治法138条の4第3項は、「普通地方公共団体は、法律又は条例の定めるところにより、執行機関の附属機関として自治紛争処理委員、審査会、審議会、調査会その他の調停、審査、諮問又は調査のための機関を置くことができる。」と規定している。

2　附属機関の構成員

議員を附属機関の構成員として加えることは、違法ではないが、適当ではないとされている（行実昭和28年1月21日）。

これに対して、執行機関の長が当該執行機関の附属機関の長又は委員になることの可否については、いずれも差し支えないとされている（行実昭和33年3月12日）。

議会の議員が委員となる場合が、「違法ではないが、適当ではない」とされる理由について考えてみる。まず、議会は議決機関であり、地方自治法96条で議会の議決事項を列挙し、それ以外の事務については、執行機関が自ら団体の意思を決定し、執行することになっている。次に、同条は、予算の決定や条例の制定改廃を議会の議決事項とし、これらを通じて、執行機関が自ら行い得る事務についても規制している。

　このことから、同法は議会を議決機関、執行機関をその意思を実行する機関として位置づけていることが確認できる。

　このことを前提とすると、附属機関が執行機関の行政組織の一環をなすものであるという性格から、附属機関に議決機関の構成員である議員が加わることは適当でないと考えられる。

　なお、執行機関の長が当該執行機関の附属機関の長又は委員になることは、たとえ附属機関が諮問機関であっても差し支えないというのが先の行政実例であるが、法律的には可能であるとしても、附属機関が行政の隠れみの的な役割を果たしているとの印象を与えるなど、必ずしも適当でない場合が少なくないと思われる。

20　議員報酬の一部返還

　A市の議員は、市の財政難に対応するため、議員報酬の引き下げをすべきと主張しており、引下げが実現しないならば、自分の報酬についてのみ一部を返還すると言ってきた。議員が報酬の一部を返還することは可能か。

　議員報酬請求権は、議員の身分と表裏一体をなすものであって、また、支給期日の到来しない部分について報酬の辞退を意思表示することはできないが、具体的に発生した報酬請求権の辞退の意思表示があれば権利の放棄とみることができると解されている（行実昭和24年8月25日）。

　しかし、議員報酬請求権の放棄については、別に公職選挙法において、寄附行為の禁止規定があり、これに抵触しないかが問題になってくる。

　同法199条の2第1項においては、「公職の候補者又は公職の候補者となろうとする者（公職にある者を含む。）は、当該選挙区（選挙区がないときは選挙の行われる区域）内にある者に対し、いかなる名義をもってするを問わず、寄附をしてはならない。」と規定し、公職の候補者の寄附については親族や政治団体等に対してする場合を除いて一切禁止しているのである。

　これについては、市長や市議会議員が支給された給与のうちの一定部分を返還することは、寄附に該当するものと解され、条例を改正し、給与の暫定的な減額措置をとることが相当であると思われるとされている（行実昭和50年11月20日）。

　したがって、具体的に発生した報酬の請求権を放棄することは一

般的には可能と考えられるが、議員報酬請求権の放棄については、公職選挙法199条の２に抵触すると考えられるので、議員報酬の一部を返還することはできないと思われる。

　なお、一部の議員のみの報酬に係る条例改正の可否についてであるが、議員報酬は地方自治法203条４項により額等を条例で明確に規定しなければならず、相当な理由（役職についている特定の議員、懲罰による等）なく格差を設けることは、法の趣旨からいっても適当ではないと考える。

21 費用弁償の範囲

　A市では以前から議員が議会に出席する場合、交通費に相当する日額を定額支給で行っている。あるときX議員から議会事務局に「費用弁償の中に、昼食代は含まれているのか。含まれていないとすれば、含ませることはできるのか」との問い合わせがあった。

　議員が議会出席ごとに昼食代を含めた一定額を支給する条例を議会は制定することができるか。

　地方自治法204条の2では、「普通地方公共団体は、いかなる給与その他の給付も法律又はこれに基づく条例に基づかずには、これをその議会の議員、第203条の2第1項の者及び前条第1項の者に支給することができない。」とされており、同法203条1項では、「普通地方公共団体は、その議会の議員に対し、議員報酬を支給しなければならない。」とされている。

　また、同条2項では、「普通地方公共団体の議会の議員は、職務を行うため要する費用の弁償を受けることができる。」となっている。

　さらに、同条4項では、「議員報酬、費用弁償及び期末手当の額並びにその支給方法は、条例でこれを定めなければならない。」とある。

　したがって、これらを根拠として、条例制定により、A市議会の議員は職務を行うために要する費用弁償として、交通費を定額で支給されているのである。

　さて、今回の質問は、費用弁償の中に昼食代を含ませることができるかどうかということであるが、当該支出が社会通念上「職務を

行うため要する費用」といえるかどうかで判断すべきである。

　行政解釈によれば「費用弁償」とは同法207条の「実費弁償」と同じ意味であり、「実費弁償」は、必ずしも実際に要した経費と厳密に同額である必要はなく、その支給される種類は、鉄道賃、航空賃、宿泊料、日当等である。また、「日当」とは、「旅行中の昼食費及びこれに伴う諸雑費並びに目的地である地域内を巡回する場合の交通費を賄うための旅費」であり、昼食費も含まれるとされている。

　以上により、費用弁償として支給される日額においても、交通費等のほか昼食代も社会通念上「職務を行うため要する費用」としてその日額に含めることは可能であると解される。

　ただし、その場合には、費用弁償の趣旨から逸脱しない相当額に定めなければならないことは、言うまでもないことであろう。

22　地域協議会の構成員と議員

　Ａ市は、２町２村と合併し、新Ａ市として発足したが、面積が大きくなったため、旧町村の区域を単位として地域自治区を設置し、各地域自治区に地域協議会を置くこととした。地域の意見を反映させるため、構成員のうちの１人には当該地域を地盤とする新Ａ市議会の議員を充てることとしたいが、市議会議員が地域協議会の構成員を兼ねることは可能か。

　また、地域協議会の構成員としての報酬を市議会議員報酬とは別に支給することは可能か。

1　地域自治区と地域協議会

　市町村の規模が拡大する中で、住民自治を充実させるために、平成16年に地方自治法上の新しい制度として設けられたのが地域自治区制度である。「市町村は、市町村長の権限に属する事務を分掌させ、及び地域の住民の意見を反映させつつこれを処理させるため、条例で、その区域を分けて定める区域ごとに地域自治区を設けることができる」としている（自治法202の４Ⅰ）。

　地域自治区には２種類あり、１つは合併を契機とせず地方自治法に基づき設置されるものであり、この場合は一般的には市町村内全域に区域を設けて設置することが想定されており、事務所の長は一般職の職員が就くものである。もう１つは本件のケースで、合併を契機に、地方自治法及び市町村の合併の特例等に関する法律（合併特例法）に基づき設置されるものであり、この場合は合併前の旧市町村単位で一部の地域だけに設けることができるほか、一般職に代

えて特別職の区長をおくことができる。

　地域自治区には必ず地域協議会を置くこととなっている。市町村の施策のうち地域の重要事項に係るものについては、予め長が地域協議会の意見を聴かねばならず、また、必要と認める事項について地域協議会に意見具申権が付与されるなど、地域住民の多様な意見の調整を行っていくことをねらいとした制度になっている。

② 市議会議員の兼職

　地域協議会は、住民及び地域に根ざした諸団体等の主体的な参加を求めつつ、協働活動の場となるものとの位置づけであることから、その構成員は、自治会や町内会、ＰＴＡなど地域における多様な団体を代表する者が想定されており、その観点から市議会の議員が兼職することは差し支えない。なお、国会法39条により国会議員との兼職は禁止されているほか、市議会議員であっても当該地域自治区の住民でない者は地方自治法202条の5第2項の規定により構成員になることができないので、注意が必要である。

　なお、地域協議会の構成員は市町村長が選任するものであるが、市町村長には、選任に当たって区域内の多様な意見を適切に反映させるための配慮義務が課されていることから、たとえばある特定の団体に所属する者に偏った選任を行ってはならない。

③ 地域協議会の構成員への報酬

　地域協議会の構成員の活動は、地域の住民として、協働活動の一環として行われるものであるとの位置づけであり、各種諮問機関における委員のように、その専門性や高い見識を発揮して行政に資するというものではないとされている。そのため、地方自治法202条の5第5項において「地域協議会の構成員には報酬を支給しないこ

ととすることができる。」と規定されている。

　ただし、第27次地方制度調査会答申では、「地域協議会は、住民の主体的な参加を期待するものであることから、その構成員は原則無報酬とする。」とされており、第159回国会衆参両院の総務委員会において、原則無報酬の周知徹底を図るべき旨、附帯決議がなされており、よほど特別の事情がない限り報酬を支払うべきではないと解釈するのが相当である。

　そのような状況において、本件を考えると、市議会議員が兼職をしており、地域協議会の活動に参画するからといって議員報酬とは別に報酬を受けるだけの特別の事情があるとは考えにくいため、報酬は支給できないと解すべきである。

　また、市議会議員と兼職している者については無報酬とし、その他一般の住民が地域協議会の構成員となる場合は報酬を支給したいという意向もあり得るが、この場合においても原則無報酬である趣旨を踏まえると、特別の事情がない限り、報酬を支給することは適当でない。

　なお、報酬ではなく、交通費等の実費を弁償することは差し支えない。

第 **3** 章

執行機関

長の職務

Q 1 公金の違法・不正支出

A市長は、某宗教団体から、某宗教団体の主催する非宗教的行事（市営球場の花火大会）に招待されたので、公用車でこの行事に参加した。

住民より、公用車の使用につき、公金の違法・不正支出に当たるものとして監査請求が出された。

A市長の行為は、公金の違法・不正支出に当たるのかどうか。

　公用車の使用については、財産の管理行為に該当するので、地方自治法242条1項の住民監査請求の対象となる行為である。

　この場合、A市長が「私人」として参加したのか、又は「公人」として参加したのかによって考え方が分かれてくる。

　もし、「私人」として参加したのであれば、個人には宗教的活動（憲法20Ⅰ）の自由が保障されているので、参加したこと自体の検討は不要となる。しかし、この場合には、公用車を私用に供したことになり、違法な財産の管理となると考えられる。よって、公金の違法・不正支出に当たるものとも考えられる。

　また、「公人」として参加した場合は、当該行事に公務として参加できるのかどうか検討する必要がある。公務かどうかの判断は、A市長の参加した行事の性格が客観的に見て公務といえるかを検討しなければならない。たとえば、その行事が住民の文化等の向上につながるものであったり、広い意味での公共の福祉の増進につながるといえる程度の公務としての客観性を備えていることが必要であ

るといえる。

　なお、一般に、地方公共団体の長の職務を規定する条文として
は、地方自治法147条、148条及び149条等がある。

　この中の149条では、「概ね」と規定していることから、長の職務
の範囲はかなり広く、最終的には「公務」として、ふさわしいか否
かということで、決する以外にないと考えられる。

Q

2 長が短期間海外出張する場合の取扱い

市長が短期間の海外出張をする場合で、市がある一定の基準をもち、市長自ら意思決定することができ、かつ職員を有効に指揮監督できると認められる場合に職務代理を置かないこととしたいが、どのような取扱いにしたらよいか。

地方自治法152条１項では、普通地方公共団体の長に事故があるとき、副市町村長がその職務を代理すると規定されている。「事故があるとき」とは、長が、長期又は遠隔の旅行、病気その他何らかの事由によりその職務を自ら行い得ない場合をいう。しかし、具体的な場合において、それが事故に該当するか否かを決定することは必ずしも容易ではないが、地方公共団体の長がその職務につき自ら意思を決定し、かつ、その事務処理について職員を有効に指揮監督し得るか否かにあると解されている。

本件は、市長が短期間の海外出張をする場合についてであるが、市の基準により市長は「その職務につき自ら意思を決定し、かつ、その事務処理について職員を有効に指揮監督し得る」状態にあると判断すれば、職務代理を置かないことは可能と考えられる。

一般的には、各種通信手段の発達により、以前に比べ職務代理を置かないことが可能な場合が広がっているものと考えられる。しかし、海外出張が相当長期であるとか、通信事情が非常に悪い場所であるなどの場合、又は海外出張の間、市長が自らの職務に関して判断する時間的余裕が全くないなどの事情がある場合などは、職務代理を置くべきであろう。

3 長の兼業禁止

A市では、○駅東西自由通路の維持管理事業を主たる業務とする第三セクターの株式会社を設立し、その取締役社長にA市長を就任させたいと考えているが可能か。

地方自治法上、普通地方公共団体の長、議員、副知事・副市町村長、委員会の委員等については、一般行政の運営に当たり、公正な職務の執行を担保する目的から、当該地方公共団体との請負関係に着目して、一定の範囲で兼業の禁止が定められている。同法142条により、長は、以下の者を兼ねることができない。

① 当該地方公共団体に対し請負をする者

② 当該地方公共団体に対し請負をする者の支配人

③ 当該地方公共団体に対し主として同一の行為をする法人の無限責任社員、取締役、執行役若しくは監査役若しくはこれらに準ずべき者、支配人及び清算人

ここでいう「請負」とは、業として行う工事の完成若しくは作業その他の役務の給付又は物件の納入その他の取引で当該普通地方公共団体が対価の支払をすべきものをいい、令和4年の法改正により定義が明確化された（同法92の2）。また、「主として同一の行為をする法人」とは、当該地方公共団体に対する請負が、当該法人の業務の主要部分を占め、当該請負の重要度が長の職務執行の公正の適正を損なうおそれが類型的に高いと認められる程度に至っている場合の法人を指すものと解されている（最判昭和62年10月20日）。

なお、③については、同法施行令122条により当該地方公共団体が資本金等の2分の1以上を出資している法人については、長の兼

業禁止に除外規定が設けられている。これは、地方公共団体と請負関係にある法人の中には、地方公共団体が主体となって設立し、本来その地方公共団体が直接行うことも考えられる事業を代わって行うという性格を持つものもあり、こうした法人については、むしろ長の兼業を認めることが当該法人の外部に対する信用を高め、あるいは当該法人に対し地方公共団体の意思をよりよく反映させることができる等の効果が期待できると考えられたことによるものである。

　本件質問における第三セクターの株式会社の資本金等に対するＡ市の出資が２分の１以上である場合には、この適用除外規定により、Ａ市長が取締役社長に就任することは可能と考えられる。一方、Ａ市の出資が２分の１未満の場合は、第三セクターの株式会社が上述の「主として同一の行為をする法人」に該当するか否かにより判断することになる。

4　長の権限に属する事務の補助執行

　市長は、その権限に属する事務の一部を他の任命権者（教育委員会事務局等）の職員をして補助執行させることができるか。
　また、その場合の手続等はどのようにするべきか。

　市長が、その権限に属する事務の一部を他の任命権者の職員をして補助執行させることについては、教育委員会や監査委員などの他の執行機関に関しては、地方自治法180条の２の規定により可能なことが明らかである。

　この規定は、同法138条の３第１項による執行機関が明確な範囲の所掌事務と権限をもって系統的に構成しなければならないという原則と、同法２条14項及び15項による組織及び運営の合理化に努め、最少の経費で最大の効果を挙げるようにしなければならないという要請との間の調整を図るために設けられたものである。すなわち、長の権限に属する事務の委員会等他の執行機関への委任又は補助執行は、長の権限の一部を受任又は補助執行しうる途を開き、執行機関本来の事務執行に支障のない限り、組織機構や職員の配置の重複を避け、行政の能率的処理と一体性の保持とに寄与させようとするものである。

　ところで、長と他の執行機関との間の職員の融通については、同法180条の２だけでなく、同法180条の３等にも規定されている。

　補助執行等の職員の融通の手続については、まず長と他の執行機関との間で協議が成立することが必要とされている。この協議はいずれの側からも申し立てることができる。法令上その協議の形式等

は明定されていないが、後日のためその経緯を明確にしておく観点からも、文書によるべきと思われ、また、機関相互で融通することを対外的に明らかにするため、成立した際にはその旨公示することが望ましいと思われる。

また、「補助執行させる」とは、人事上の事務手続としては、「従事させる」場合と同様に、単に事務に従事すべき旨の職務命令を本来の権限を有している長が発すれば足りるものと解される。この際、執行事務の内容が「従事させる」場合が事務一般であるのに比べ、より限定的であり具体的に定まったものであると解されるため、「従事させる」場合には当該職員はもっぱら従事するとされた当該執行機関の職務上の指揮監督に服するのが通常であるのに対して、補助執行の場合は当該事務についてのみ補助執行し、執行機関及び長の両者の指揮監督の下にあるのが通例とされている。

なお、補助執行等をさせることのできる事務については、法律上何ら限定が附されていないが、補助執行等の趣旨に鑑みると、当該委員会等本来の事務の執行に直接関連のあるものについて行われるべきである。多くの自治体においては、補助執行規則により委任又は補助執行させる事務について定めており、「予算の見積書作成（編制要求）」、「支出負担行為・支出命令に関すること」、「契約に関すること」等、長の予算執行権に関する事務について規定されているところである。これは、長の地位と執行機能の一体性を損なわないため、予算調製権、議案提出権、賦課徴収権、決算認定付議権については委任等に適さず、予算執行権についてはその性質上、補助執行に適する場合があるとの考えに準じて定めているものと解される。

Q

5　長の事務の委任

　地方自治法153条1項は、長の権限に属する事務の一部の委任、代理の相手方を、地方公共団体の職員に限っているが、次の場合にも適用されるか。
　(1)　A市が当事者となっている損害賠償事件の示談、仮和解の交渉を、A市が加入している保険会社の顧問弁護士に代理させること
　(2)　第三者との委託契約を、複数市分を一括して、B市長が代表して締結することとし、B市長に対し、他の市長が契約締結権限を委任すること

　地方自治法153条1項は、長の権限に属する事務の一部の当該普通地方公共団体の職員への委任又は代理に関して規定している。ここで「委任」とは、当該事務が受任者たる職員の職務権限となり、その事務については受任者がもっぱら自己の責任において処理することとなり、委任をした長においては自らこれを処理する権限を失う。これに対して「代理」とは、当該事務は依然として代理される長の権限に属し、代理者はその長の職務権限を代わって行使するに止まるとされる。

　本件質問前段のような市が加入している保険会社の弁護士に交渉を代理させることについて、同項の規定をどう考えるべきであろうか。弁護士法3条では、「弁護士は、当事者その他関係人の依頼又は官公署の委嘱によって（中略）一般の法律事務を行うことを職務とする。」としている。また、地方自治法153条1項の規定は、地方公共団体が私法上の委任契約をすることまで禁止したものではないと解されている。さらに、弁護士を訴訟行為の代理人として選任す

る場合については、当該弁護士を「吏員又は吏員相当の嘱託」に任命する必要はないとされている（行実昭和39年12月22日）。このようにみれば、弁護士に代理させることは問題がないと思われる。

　ところで、本件質問にいう「委任」又は「委託」という文言については、私法又は公法上の関係で、いくつかの意義に用いられるため、質問後段を検討するに当たり「委任」の意義を整理することが必要と思われる。

　委任は大きく私法上の委任と公法上の委任とに分けられる。まず、私法上の委任は、当事者の一方が法律行為をすることを相手方に委託し、相手方がこれを承諾することで成立する契約とされている（民法643）。法律行為でない事務の委託についても、この規定が準用されている（同法656）。

　これに対して、公法上の委任は、①国又は公共団体が、その事務を公共団体その他の者に委託する場合、②行政庁がその事務を他の行政庁（主として下級の行政庁）に委託する場合とに区別する必要がある。このうち、①においては、受任者のする意思表示又は意思表示の受領は、直接に委任者に対してその効果を生じる。他方、②においては、代理権の授与でなく職権の委任であって、委任を受けた行政庁はその事務を自己の職権として行う。地方自治法153条の委任はこれに当たると思われる。

　同法153条は、地方公共団体が私法上の委任契約をすることまで禁止したものとは解されていないが、質問後段の委任についてみると、当該委託契約の効果は、個々の市に対して生じ、職権の委任はなされていないと思われることから、同法153条の「委任」には当たらないものと思われる。

Q

6 市長と一部事務組合管理者が同一の場合の契約

　○○市では○○一部事務組合と検診業務委託契約を締結したい。現在、○○市は○○一部事務組合の構成市であり、市長が組合管理者である。このまま契約を締結すると、市長と組合管理者が同一人物であるため、民法108条の双方代理の禁止に抵触することになる。どのように対応すべきか。

　お見込みのとおり、市長と組合管理者が同一人物での契約は、民法108条の双方代理に抵触する。

　ただし、地方自治法153条１項により、長は、「その権限に属する事務の一部をその補助機関である職員に委任し、又はこれに臨時に代理させることができる。」とされているため、民法108条の双方代理禁止規定の適用を回避するためには、いずれかの当事者の代表者を市長でない形にすればよい。つまり、市の場合は、市長の権限を副市長以下の補助機関に、一部事務組合の場合は、管理者の権限を副管理者以下に委任すればよい。通常、各自治体には「市長の権限に属する事務の一部を副市長に委任する規則」等が置かれているので、この規則により、市長または組合管理者のどちらかについて契約事務を委任することにより、民法上適切な契約となる。

　また、契約の内容によっては、双方代理の禁止に該当しない場合もある。つまり、契約者間の利益が相反しない場合である。そもそも一部事務組合は、構成団体の事務の一部を共同で処理するために設置するものであり、首長と管理者との兼職等も認められていると

ころである（自治法287Ⅱ）。したがって、構成団体の事務を共同処理するためのものであって、組合の業務にも役立つものについて、構成団体と組合とで契約を締結する場合には、利益相反しないことも考えられる。このような利益が相反しない場合には、委任または代理が不要である。しかし、利益相反に当たるか否かの判断は困難な場合もあるので、委任または臨時代理の手続を取っておく方が紛争防止に資すると思われる。

　なお、民法108条に反し無効になる法律行為であっても、同法116条の「追認は、別段の意思表示がないときは、契約の時にさかのぼってその効力を生ずる。」という規定が類推適用され、議会が長による双方代理行為を追認したときには、普通地方公共団体に法律効果が帰属するとされている（最判平成16年7月13日）。したがって、双方代理による契約の締結後についても、市議会での追認があれば、本契約は有効になると考えられる。

7　予算の議決と専決処分

　A市においては、市長と議会が対立していたため、3月の定例議会に市長の提出した新年度予算が3月31日まで議決されないという事態が起きた。この場合、地方自治法179条に基づき専決処分することは可能であるか。

　議会が議決すべき事件を議決しないときは、地方自治法179条の規定に基づき、補充的な手段として地方公共団体の長は専決処分をすることができる。したがって、予算についても要件を具備している限り、法律的には専決処分が可能である。

　しかしながら、当初予算は、当該年度の地方公共団体の一切の歳入及び歳出を計上したものであって、当該団体の住民生活に多大な影響が及ぶおそれがあることから、このような当初予算が年度開始までに成立しないことに対処するために、同法218条2項において暫定予算の制度が定められている。これらのことから、当初予算が年度開始までに議決されないことをもって直ちに専決処分をすることは、暫定予算の趣旨に反することとなり、適切ではない。また、設問のように、長と議会が対立しているため議決されないというような場合にまで専決処分を行うことは、著しく適正を欠くことになるので、暫定予算を措置したのちに当初予算の成立を図るべきである。

　暫定予算は、通常必要最小限の義務的経費等を計上するものであり成立しないことはまれであろうが、予算の空白化による地方公共団体の行政の停滞は許されるべきものではなく違法状態と解されるので、暫定予算も年度開始までに議決されない場合は、同法179条に基づき、長が専決処分をすることを否定できない場合もあると解

される。

　また、暫定予算の提出については、当初予算が成立するまでは、初めに措置された暫定予算の後に、さらに暫定予算を作成することが可能であることを考えると、当初予算においては専決すべきものではないと解される。

8 　法定期間経過前の市長の即時退職

　市長が議長に退職の申し出を行った。その申し出には退職期日について明示されていないが法定期間経過前に早急に退職したい意向を市長が持っていることが明らかな場合、議会の同意の議決により即時退職をすることができるか。

　地方自治法145条では、地方公共団体の長は、退職しようとするときは、その退職しようとする日前、都道府県知事にあっては30日前、市町村長にあっては20日前までに、当該地方公共団体の議会の議長に申し出なければならない。ただし、議会の同意を得たときは、その期日前に退職することができると規定されている。

　退職の申し出には、その期日を明示することは必ずしも法律上の要件ではない。しかしながら、法定期間内に退職しようとする場合には、その退職期日を明示する必要がある。退職期日について何ら地方公共団体の長の具体的な表示がないのに、議会が有効な法定期間内の退職に同意を行うことができるものではない。議会の同意は地方公共団体の長の退職に関する同意ではなく、地方公共団体の長の要求にかかる法定期間内の退職期日についての同意と解すべきであるからである（行実昭和23年6月12日）。

　しかし、退職期日の明示がなくても諸般の状況により、地方公共団体の長が明らかに即時退職したいという黙示の意思表示がなされていると認められる場合においては、その退職の申し出に対し、議会が同意の議決をすることはできる。その場合は、その同意の議決のあった日をもって退職期日と認めてもよいと解する（行実昭和23

年6月12日）。同様に本月24日に退職したい旨の申し出があったが、議会閉会中で、28日に議会を開き同意したときは、同意の議決のあった28日が退職の日となる（行実昭和30年1月28日）。

　また、議会の閉会中に、法定期間内の退職の申し出がなされ、しかもその申し出にかかる退職期日までに定例会も臨時会も招集される予定のない場合は、地方公共団体の長は、自己の退職の同意を求めるためのみ臨時会を招集することもできる（行実昭和28年8月25日）。

9　専決処分の取消し

　A市長は、地方自治法179条1項の規定に基づき、補正予算についての専決処分を行ったが、後日、当該補正予算の原因となる事項について、不適切な事務処理がなされていることが判明した。

　このため、A市長は、この専決処分を取り消し、議会にも報告しないこととしたいと考えているが、このような対応は可能か。

　長は、議決機関たる議会が、その本来の職責を果たし得ない場合又は果たさない場合に、地方自治法179条1項に基づき専決処分を行うことができる。これは、補充的に議会の権限に属する事項を議会に代わってその権限を行使することであり、議会の議決と同様の効力を有するものである。

　専決処分の取消しが可能か否かについてであるが、行政処分の場合、当該行政処分が当初から違法又は不当であったことが判明した場合、処分庁はこれを理由にその効力をはじめからなかったことにする旨の意思表示をして、処分の効力を失わせる（当該処分を取り消す）ことが可能である。しかし、専決処分は行政処分ではなく、前述のとおり議決と同様の効力を有するものであることから、行政庁の一方的判断でこれを取り消すことは不可能であると解すべきである。

　また、同法179条3項によると、専決処分を行った場合、「普通地方公共団体の長は、次の会議においてこれを議会に報告し、その承認を求めなければならない。」とされていることから、設問の場合、

たとえ不適切な事実に基づく専決処分であったとしても、議会に報告し、その承認を求めなければならない。

　この場合、議会に報告したものの、議会の承認が得られない可能性も想定されるが、専決処分の効力自体に影響はない（長の政治責任の問題となる。）（行実昭和21年12月27日）。ただし、議会の承認が得られない場合、長は、速やかに、必要と認める措置を講ずるとともに、その旨を議会に報告しなければならない（同法179Ⅳ）。なお、当該補正予算の修正が必要であれば、再度補正予算の議案を次の議会に提出するべきである。

Q

10 専決処分に対する議会の不承認と必要な措置

　Ａ市長は、かねてから市議会委員会において質疑を重ねてきた、市の重要施策に係る条例改正案を提出したが、市議会委員会は「市の財政負担増についての懸念」を理由に継続審議を決定した。これを受けＡ市長は、「本件は十分に議論が尽くされており、これ以上の計画遅延は市民生活に重大な影響を及ぼす」として、地方自治法179条１項の規定に基づき、「議会において議決すべき事件を議決しないとき」に該当するとして、専決処分を行った。

　その後、Ａ市長は市議会本会議において専決処分の承認を求めたが、反対多数により不承認となった。この場合において、同条４項に規定される「当該処置に関して必要と認める措置」とはどのようなものが考えられるか。

　地方自治法179条は、議会において議決すべき事件に関して、必要な議決が得られない場合における補充的手段として普通地方公共団体の長に専決処分の権限を認めたものである。

1　「議会において議決すべき事件を議決しないとき」の解釈

　同条１項にいう「議会において議決すべき事件」とは議会が議決をする権限を有する事件であるが、本案件の条例の制定改廃はこれに含まれると解されている。

　また、「議決しないとき」とは、同項にある「①議会が成立しないとき」、「②113条ただし書の場合においてなお会議を開くことが

できないとき」、「③普通地方公共団体の長において議会の議決すべき事件について特に緊急を要するため議会を招集する時間的余裕がないことが明らかであると認めるとき」の外、議決を得ることができない一切の場合をいい、その原因が議会の故意に基づく場合はもちろん、外的事情に基づく場合も含むとされている。しかし、議決を欠く事態が出現すれば直ちに「議決しないとき」に当たるのではなく、外的又は内的な何らかの事情により長にとって議会の議決を得ることが社会通念上不可能ないしこれに準ずる程度に困難と認められる場合、例えば、天災地変等の議決を不可能ならしめる外的事情がある場合、議会が議決しないとの意思を有し、実際にも議事が進行せずに議決にまで至らない場合などでなければならないと解される（東京高判平成25年8月29日）。

　本事案においては、市議会委員会が継続審議を決定したことのみをもって「議決しないとき」に直ちに該当すると判断することはできず、継続審議に至った経緯や議会の議決意思の有無等、個別具体的な事情をもって慎重に判断しなければならない。

② 専決処分の不承認と必要な措置

　同条3項の規定により、普通地方公共団体の長は、専決処分を行った場合は次の会議においてこれを議会に報告し、その承認を求めなければならないとされている。そして、同条4項の規定により、承認を求める議案が否決されたときは、速やかに当該専決処分に対して必要と認める措置を講ずるとともにその旨を議会に報告しなければならないとされている。なお、議会の承認が得られなかった場合といえども当該専決処分の効力そのものには影響がない（行実昭和21年12月27日、昭和22年11月29日、昭和26年8月15日）が、長に対し政治的な責任が残るとされている。

　この場合における「必要と認める措置」とは、特定の措置に限定しているものではなく、幅広い対応を可能としていると解されている。本事案においては、A市長が「委員会が継続審議とした要因である財政課題への対応を行う」、「改正条例案を提出し専決処分前の条例に戻す」等の措置が考えられるが、その具体的内容はA市長が適切に判断すべきものであり、A市長が議会や住民に対して説明責任を果たす観点からの必要な対応を行うことも含まれる。

　なお、A市長が必要な措置をとらない場合には、逆に市議会が不信任の議決をなす等の方法により、市長の政治的責任を問うことになるであろう（行実昭和22年11月29日）。

11 内部統制に関する方針の策定等

平成29年の地方自治法の改正により、内部統制に関する基本方針の策定等が盛り込まれ、改正法が施行される令和2年4月1日以降、内部統制に関する方針及び内部統制体制の整備について市町村長の努力義務が課された。具体的にはどのような運用が可能か。

　地方公共団体の長の内部統制に関して規定した地方自治法150条では、その担任する事務の管理及び執行が法令に適合し、かつ適正に確保されるための方針を定め、及びこれに基づき必要な体制を整備しなければならないとされているが、指定都市を除く市町村においては、同条2項において努力義務とされている。本来、全ての地方公共団体に内部統制に関する基本方針の策定及び体制整備が求められるものではあるが、組織や予算の規模が大きく、その必要性が比較的高いと考えられる都道府県及び指定都市に対してのみ義務付けられることとなった。

　したがって、努力義務とされている市町村長が内部統制制度を導入する場合には、制度本来の趣旨である組織内における業務の適正を確保する必要性から、内部統制の方針を定め、及びこれに基づく必要な執行体制を整備し、同条3項以降の規定による手続を行わなければならないと解される。

　ただし、費用対効果が見合わないような過度な体制整備とならないよう、例えば、一定金額以上の契約に対象を限定して行うなどの運用は可能と考えられる。

12　長への損害賠償請求

　A市では、市が所有する施設の整備を行ったところ、関連法令に違反するとして住民から提訴され、裁判で争った結果、A市の敗訴が確定した。判決は、A市に対し、市長への損害賠償請求を義務付ける内容だったが、この場合、どのような対応が考えられるか。

　地方自治法242条には、地方公共団体の住民が当該団体の執行機関又は職員の違法又は不当な財務会計上の行為又は怠る事実について、これを予防し又は是正することで、住民全体の利益を守ることを目的とする、住民監査請求制度の規定がある。

　当該請求を行った場合において、①監査委員の監査の結果・勧告、勧告に基づいて長等が講じた措置に不服があるとき、②監査委員が監査・勧告を60日以内に行わないとき、③監査委員の勧告に基づいた必要な措置を長等が講じないときは、同法242条の2の規定により、住民監査請求を行った当該地方公共団体の住民（法人を含む）は住民訴訟を行うことができる。住民訴訟の意義は、地方自治の本旨に基づく住民参政の一環として、住民に対しその予防又は是正を裁判所に請求する機能を与え、もって地方財務行政の適正な運営を確保することを目的としたものであって、地方公共団体の判断と住民の判断とが相反し対立する場合に、住民が自らの手により違法の防止又は是正を図ることができる点にあると解されている。

　本件の場合、住民訴訟の結果、A市に対し、市長への損害賠償請求を義務付ける判決となったが、このことについて、以下3通りの対応が考えられる。

　第1に、長等の損害賠償責任の一部免責に関する条例を定めている場合である。同法243条の2第1項の規定により、普通地方公共団体は、条例で、長等の当該地方公共団体に対する損害を賠償する責任を、長等が善意でかつ重大な過失がないときは、賠償の責任を負う額から、条例で定める額を控除して得た額について免れさせる旨を定めることができる。この制度は、長等の職務遂行について過度な責任追及には及ばない適切と思われる範囲で損害賠償責任を免除することを可能とするものである。この場合、市長は、長等の損害賠償責任の一部免責に関する条例で定める額については免責されず、賠償金を支払う必要がある。なお、職務を行うにつき、善意ではなく、又は重大な過失があるときは、条例による免除の対象とはならないものであり、悪質な違法行為については、責任追及の対象となる。

　第2に、議会の議決により長等に対する損害賠償請求権を放棄する場合である。地方公共団体の権利の放棄については、同法96条1項10号において、法律若しくはこれに基づく政令又は条例に特別の定めがある場合を除くほか、議会の議決によることとされている。また、同法242条10項において、議会が損害賠償請求権の放棄に関する議決をしようとするときは、あらかじめ監査委員の意見を聴かなければならないとされている。本件においても、A市がこれらの手続を経た上で損害賠償請求権を放棄すれば、市長は賠償金を支払う必要はない。ただし、当該請求権の放棄については、地方自治法の趣旨等に照らして不合理であって裁量権の範囲の逸脱又は濫用に当たると認められるときは、議決は違法となり、放棄は無効となるものと解するのが相当であるという最高裁判決の法廷意見（最判平成24年4月20日・最判平成24年4月23日）や、先述の長等の損害賠償責任の一部免責に関する措置との均衡を踏まえ、より一層慎重に

判断する必要がある。

　第3に、長等の損害賠償責任の一部免責に関する条例を定めておらず、かつ損害賠償請求権を放棄しない場合が考えられるが、この場合、市長は判決に従い、当該賠償の命令に係る損害賠償金を全額支払うことになる。

　上記のいずれの対応を行った場合でも、違法状態は治癒されないため、市長は損害賠償請求の趣旨を鑑み、違法性解消に向け、適切に対応していく必要があると考えられる。

補助機関等

Q

13　出納事務に従事する職員

　市営自転車駐車場の使用料の出納事務を会計年度任用職員に行わせることは地方自治法上可能か。

　地方自治法171条1項は、会計管理者の事務を補助させるため、出納員その他の会計職員を設置することを規定しており、また同条2項では、出納員その他の会計職員は普通地方公共団体の長の補助機関である職員のうちから、長がこれを命じる旨を規定している。

　現金出納事務は会計管理者の権限に属するものであり、本件質問の趣旨は、会計年度任用職員が会計職員として会計管理者の事務の一部を分任することができるかということであると考えられる。つまり、その他の会計職員となることができる「普通地方公共団体の長の補助機関である職員」に、会計年度任用職員が含まれるかどうかが問題となる。

　同法172条1項は、普通地方公共団体の長の補助職員に関する一般的根拠を定めており、普通地方公共団体に「職員」を置くことを規定している。同法171条2項の「普通地方公共団体の長の補助機関である職員」は、この条文中の「職員」に対応するものである。

　また、同法172条3項では、同条1項に規定する職員の定数を条例で定めることを規定するとともに、ただし書で臨時又は非常勤の職についてはこの限りではないとしている。これは、「職員」のうち臨時又は非常勤の職員については例外であるとしていることから、文理上、臨時又は非常勤の職員が「職員」に含まれていること

は明らかである。

　これらを考えあわせると、会計年度任用職員は同法171条２項に規定する「職員」に該当するものということができる。すなわち、地方自治法上、会計年度任用職員をその他の会計職員に任命して使用料などの現金出納事務を行わせることは可能であるといえる。実際の運用としては、自転車駐車場の所管部署の課長級の職員を出納員とし、出納に当たる会計年度任用職員をその他の会計職員に任命して、使用料の出納を行わせることが考えられる。

　しかし一方で、「会計年度任用の職」は、非常勤の職のうち、常勤職員が行うべき業務（相当の期間任用される職員を就けるべき業務）に従事する「短時間勤務の職」を除いたものと定義されており、相当の期間任用される職員を就けるべき業務に該当するか否かは、業務の内容や責任の程度などを踏まえた業務の性質により、各団体において個々の具体的な事例に則して判断されるものとされている。そのため会計年度任用職員をその他の会計職員に命ずることについては、慎重な検討が必要となる。

14 議会事務局への事務委任と情報公開

A市では、「会計事務規則」により、歳入の徴収、収入の通知、支出の命令等の事務を議会事務局長に委任している。この委任は可能か。

地方自治法149条において長の事務権限が概括列挙されている。同条２号（予算の調製及び執行）、同条３号（地方税を賦課徴収し、分担金・使用料等を徴収し、過料を科すこと）、同条５号（会計の監督）などにより、これらは基本的に長の権限であると考えられる。他方、委員会及び委員の権限に属しない事項として、同法180条の６第１号（予算の調製及び執行）、同条３号（地方税を賦課徴収し、分担金・加入金を徴収し、過料を科すこと）が列記されている。

このように見れば、本件質問において議会事務局長に委任されている会計等の事務は、基本的に長に属することが明らかである。また、普通地方公共団体の事務の処理については、法令の規定により積極的に他の機関の権限とされていない限りは、特にそれが普通地方公共団体の長の権限とする明文の規定がなくても、普通地方公共団体の長の権限に属するものであるといえる。こうしたことは、例えば教育委員会に関して、授業料や教育委員会の管理する市営球場の使用料の減免の措置についても長の権限であると考えられていることからもうかがえる（行実昭和26年９月21日、昭和36年５月29日）。

それでは、長の権限に属する事務を議会事務局長に委任できるかであるが、この点、同法180条の２、180条の３により、長と他の執行機関との間の職員の融通が規定されているものの、議会事務局については何らの明文の規定がない。しかし、議会事務局長を長の部

局の職員に専任兼務させることは差し支えないとされており（行実
昭和34年7月9日）、長がその権限の事務の一部を議会事務局長に
委任することは妨げられないと思われる。

15 陳情の受理

附属機関に対する陳情を市は受理しなければならないか。

　附属機関とは、執行機関がその行政執行のため、又は行政執行に伴い必要な調停、審査、審議又は調査等を行うことを職務とする機関である。地方自治法138条の４第３項の規定によれば、普通地方公共団体は、法律又は条例の定めるところにより、執行機関の附属機関として自治紛争処理委員、審査会、審議会、調査会その他の調停、審査、諮問又は調査のための機関を置くことができる、とされている。

　陳情とは、公の機関に対して、一定の事項について、その実情を訴え、一定の措置を求める事実上の行為をいう。請願は議員の紹介を要するものであるが、陳情は議員の紹介を必要としない。また、請願はその形式、手続が整っていれば必ず受理しなければならないが、陳情はその限りではない。

　請願法４条は、請願が誤って所管する官公署以外の官公署に提出されたときは、その官公署は、請願者に正当な官公署を指示し、又は正当な官公署に請願書を送付しなければならないとされている。

　設問の附属機関に対する陳情が持ち込まれた場合の取扱いについては、附属機関と執行機関が所管を異にする官公署といえるか否かという解釈に関わる問題である。

　地方自治法上では、執行機関が直接住民を対象とした行政の執行権を有するのに対し、附属機関は執行機関からの要請により、その行政執行のための必要な資料の提供等いわばその行政執行の前提と

して必要な調停等を行うことを職務とする点に着目すれば、所管を異にする官公署という余地もある。この場合、附属機関は、陳情者に執行機関のしかるべき部署を指示し、又は書面による場合は、執行機関の所管部署に陳情書を送付することとなる。

　しかしながら、附属機関があくまでも行政組織の一環をなすものである点に着目すれば、所管を異にするとはいえず、附属機関に対する陳情は、市に対する陳情として受理するべきものということができる。

　さらに、同じ市の機関でありながら、所管を異にするとして、陳情を受理せず、しかるべき部署を示すなどというのは、住民にとってみれば、いわば「たらい回し」の印象を与えるにすぎず、市は附属機関への陳情も受理すべきと考えるのが妥当であろう。

Q 16 出張所の設置

出張所を行政区域外に設置することができるか。また、電算化等により従来の複数の出張所を設置しておく必要がなくなった場合、全市を対象とした出張所を設置することは問題ないか。

地方自治法155条1項は、普通地方公共団体の長がその権限に属する事務を分掌させるため、条例で、必要な地に、都道府県にあっては支庁及び地方事務所、市町村にあっては支所又は出張所を設けることができるとしている。

出張所は、住民の便宜のために、市役所又は町村役場まで出向かなくてもすむ程度の簡単な事務を処理するために設置する、いわゆる市役所又は町村役場の窓口の延長という取扱いが適当とされている（行実昭和33年2月26日）。したがって、同法4条2項にあるとおり、その位置は住民の利用に最も便利であるように、交通の事情、他の官公署との関係等について適当な考慮を払わなければならない。

すなわち、住民の利用に最も便利ならば、行政区域外に出張所を設置することは可能である。また、同じ理由から、住民の利用に便利であれば、全市を対象とした出張所を設置することも問題ない。

なお、同法155条2項にあるとおり、出張所の位置、名称及び所管区域は条例で定めなければならない。

17　出張所と連絡所の違い

出張所ではない市民センターで、住民票等の交付や異動の届出を行うことは可能か。支所や出張所でできない事務はあるのか。

　地方自治法155条1項には、長の権限に属する事務を分掌させるため、条例により、都道府県にあっては支庁及び地方事務所、市町村にあっては支所又は出張所を設けることができると規定されている。支所とは、市町村の事務全般にわたり、事務をつかさどる事務所を意味するのに対し、出張所とは、住民の便宜のために役所に出向かなくてもすむ程度の簡単な事務を処理するために設置する役所の窓口の延長という観念である（行実昭和33年2月26日）。また、同法156条1項には、支所や出張所のほかに特定の事務のみを分掌させる行政機関を置くことが規定されており、保健所や警察署等がこれに該当する。支所や出張所は、当該行政機関を除き、普通地方公共団体の権限に属する事務を総合的に分掌することを原則とする。

　本ケースでは市民センターで取り扱っている事務について検討する必要がある。当該事務は、同法156条1項に規定する特定の事務には当たらないと考えられるが、市町村の事務の一部であり、住民の権利・義務に密接に関係し、内容審査等の権力の行使が想定される。その場合には、出張所として条例により設置する必要があろう。

　なお、競争の導入による公共サービスの改革に関する法律により、窓口事務について、個人情報の保護等十分配慮した上で、民間

事業者への委託が可能になっており、コンビニなどで住民票の写し
や印鑑登録証明書等の交付などの窓口サービスを提供できるように
なっている。

18 会計管理者が欠けた場合の取扱い

　Ａ市では、事故により会計管理者が不在となったが、この場合、どのような取扱いとすればよいか。

　会計管理者は、地方公務員法３条２項に規定する一般職の職員と位置づけられ、その選任には議会の同意は必要なく、長の適宜の任命により、その職務の執行が停止することがないよう直ちに措置することが可能である。そのため、会計管理者が欠けた場合には、直ちに後任者を任命することが望ましい。

　一方、地方自治法170条３項は、「普通地方公共団体の長は、会計管理者に事故がある場合において必要があるときは、当該普通地方公共団体の長の補助機関である職員にその事務を代理させることができる。」と規定していることから、直ちに後任者を任命することができない場合や、会計管理者の不在が一時的な場合には、事務代理を置くことも可能である。

　なお、会計事務の執行の停止を避け、その円滑な執行を図るという観点から、会計管理者の事務の代理に係る同項の規定は、速やかに適用することが求められる。このため、法定されているわけではないものの、あらかじめ事務代理の適用に当たって必要な規則等を設けておくことが望ましい。その場合に規定すべき事項としては、一定の職にある者に会計管理者の事務を代理させることができる旨や、会計管理者に事故がある場合において必要があるときの具体的な要件等を定めておくこと等が想定される。

Q

19 附属機関等の設置

市において、今後の○○のあり方を検討する委員会の設置について準備を進めている。地方自治法138条の4に規定される法律又は条例で設置する附属機関とそれに類する要綱で設置する機関が考えられるが、どのような場合に条例で設置すべきであるか。

地方自治法138条の4第3項には、「普通地方公共団体は、法律又は条例の定めるところにより、執行機関の附属機関として自治紛争処理委員、審査会、審議会、調査会その他の調停、審査、諮問又は調査のための機関を置くことができる。」と規定されている。

なぜなら、附属機関といえども、地方公共団体の組織の一環をなすものであるから、どのような附属機関が設置されるかということは住民にとって大きな利害関係事項となるため、地方公共団体が任意に設置するに当たっては、条例に定めることを必要としている。そのため、附属機関の性質を有するものを設置する場合は、臨時的なものや早急に必要なものであっても、条例によらなければならない（行実昭和27年11月19日）。

したがって、行政執行のために必要な審査や諮問を行う機関は条例により設置する附属機関となる。一方、部課長会議や法令審査会など内部の体制により事務連絡や協議等を行う機構（機関）の場合であれば、執行機関限りで適宜設置することができる。しかし、このような機構においても、補助職員以外の外部の者が委員あるいは構成員として加わる場合は、組織として理解され、設置するためには条例による必要がある（行実昭和28年1月16日）。

　つまり、委員会などの機関の設置を考える場合には、その機関の性質とともに構成する委員について考慮する必要があり、外部の委員を含む場合には、条例により設置すべきである。

　なお、同法202条の3第2項において、附属機関を組織する構成員は、非常勤であると規定されており、常勤とすることはできず、報酬等の額並びに支給方法については、条例でこれを定めなければならない（同法203の2Ⅴ）。

Q 20 監査委員

(1) ○○一部事務組合において、監査委員を 1 名増加する規約の改正を行った。5 月 1 日に組合議会を開催し、同意を得たが、任期の起算日はいつになるか。

(2) 財務監査において、監査委員は政策的な判断について意見を述べることができるか。

(1) 監査委員は、普通地方公共団体の長が、議会の同意を得て、これを選任する、とされており（自治法196 I）、起算日は長が選任を行った日である。議会の同意が前任者の任期満了前に行われたとしても、選任の発令は、前任者の任期満了の翌日に行われるのが通常である。任期の起算日を形式的に明確にするため、長は辞令を発すべきと解されている。

(2) 本事案の監査の種類は、同法199条 1 項に規定する財務監査である。具体的には、予算の執行、収入、支出、契約、現金及び有価証券の出納保管、財産管理等の事務執行を対象とする（行実昭和38年12月19日）。財務監査は、あくまでも適法性、能率性及び組織、運営の合理性の観点から行われるべきものであり、政策判断の妥当性は財務監査の対象にはならないものと解される。同条 2 項に規定する行政監査も同様である。

一方、同条10項に規定される「意見」は、監査とは別の概念とされており、意見の範囲は監査対象内に限られるものではないと解されている（行実昭和27年 8 月）。例えば、条例そのものの監査はできないと解されている（行実昭和26年 9 月21日）が、地方公共団体の組織及び運営の合理化に資するために必要があると認めるときに

は、条例の改正又は廃止の件を監査の結果に添えて提出することは差し支えないとされる（行実昭和27年12月25日）。

　本事案においても、監査の対象とはならないが、組織及び運営の合理化に資するために必要と認められる場合には、意見を附すことができると考えられる。

第 **4** 章

特別地方公共団体

特別地方公共団体

Q 1 一部事務組合規約の組合議会による修正可否

一部事務組合の規約を組合議会で修正できるか。

　一部事務組合の規約の変更は、地方自治法286条1項の規定により、原則「関係地方公共団体の協議によりこれを定め、都道府県の加入するものにあっては総務大臣、その他のものにあっては都道府県知事の許可を受けなければならない」とされている。これは、一部事務組合の権限が、本来組合自体に存するところのものではなく、組合構成団体から与えられるものであるから、組合の規約の変更を行うこと等に関する提案は当該組合に加入する地方公共団体の代表者たる長が協議案を提示するものであると解されるためである。

　したがって、組合議会において規約改正に関する提案、執行をすることはできないと解される（行実昭和29年12月15日）。

2 合併する市町村内にある財産区の存続手続

A市とB町は合併することが予定されているが、B町にある財産区は何ら手続を要さずに存続するか。

　財産区とは、地方自治法294条以下に規定されている、市町村の一部で財産又は公の施設の管理及び処分を行うことを認められた法人格を有する特別地方公共団体である。明治22年の市制町村制の施行に先立って行われた町村の大合併の際、従来住民の利用に供されていた旧町村の財産または営造物（現在の公の施設）の所有状態に著しい不均衡があり、これを統合して新市町村に帰属させようとすることが、町村合併促進上適当ではなく、合併推進のためにこれらの財産等を旧来の町村に「市町村の一部」として独自の法人格を認めたことに由来する。「財産」には、土地（田畑、宅地等）をはじめ、山林、建物、沼地、用水路、火葬場、温泉、有価証券などがある。

　財産区は、市町村の財産や公の施設を一部の住民の利用に供するという性格のものではなく、市町村の区域の一部を構成要素とし、財産や公の施設の所有又は設置の主体たる地方公共団体である。つまり財産区は、市町村とは別の地方公共団体であり、市町村から独立して財産や公の施設を所有しているのであるから、従前から存在する財産区は、市町村合併に際しても何ら変更はなく、当然にそのまま存続する。

3 一部事務組合構成団体の廃置分合に伴う対応

一部事務組合の構成団体のＡ市がＢ市と合併してＣ市となった場合、Ｃ市は手続を要せず合併後も組合の構成団体としてあり続けられるか。また、合併前の構成団体において新団体加入の規約を変更できるか。

　廃置分合により新たに生まれた地方公共団体は当然には組合の構成団体とはならず、合併後も引き続き一部事務組合の構成団体として維持しようとするときは、新規に加入の手続を要する。

　この場合、合併前の構成団体において新団体加入の規約を変更しておき、合併の日に新規約を施行するという方法も可能であるように考えられるが、一般に消滅する団体が消滅後の規約に関係することは、その主体としての適格性を欠くことから、消極的に解されている。

　したがって、合併後も事務を中断することなく引き続き組合の構成団体としてあり続けるためには、あらかじめ新団体の組合加入の手続を事実上進めておき、合併の日に構成団体が協議を行い、許可を受けるという方法を採らざるを得ない（行実昭和28年10月27日）。

　また、合併により組合構成団体の数の減少が生じる場合に、当該団体は、消滅する前に地方自治法286条に基づいて、組合を脱退する手続を採ることとなる。

　この点については、論理的には、廃置分合が生じた団体は、同法７条（市町村の廃置分合）の手続により、その法人格が消滅するので、当該団体は、当然に組合から脱退することになるという考えも

あるが（行実明治45年 5 月31日）、一般的に現在、実際の運用においては、当該団体が同法286条の手続により組合を脱退し、その後同法 7 条の手続を経るべきであると考えられている。

Q

4 一部事務組合の解散に際しての財産処分

　一部事務組合が、３月31日をもって根拠法が廃止となり、共同処理する事務の法的根拠が無くなるため、同日付けで解散する予定である。組合は、一部に債務譲渡できない残債を有しているため、組合の有する施設を構成市に売却し、その対価及び剰余金をもって残債を一括償還したいが、自治法上可能か。

　一部事務組合が解散する場合の財産処分は、地方自治法289条の規定により、債権・債務を含む積極的・消極的財産のすべてについて関係地方公共団体の協議によりその帰属先を定めることになる。また、当該組合が処理していた事務については、同法292条の規定により、同法施行令５条を準用して取り扱うこととされており、関係地方公共団体に承継される。事務の承継は、債権債務のみならず、一切の行政上の行為等を含むものと解されており、本件質問のように、一部債務譲渡できない残債であっても、例外なく構成団体に承継されると考えられる。

　ただし、同法237条により、自治体としての法人格を有する組合が、所有する財産を処分することは、所定の手続を踏めば、可能とされていることから、通常の財産処分として施設を売却し、その代価をもって繰上償還を行った上で、残る債権債務を財産の帰属先に承継することも可能と考えられる。ここで、売却は、施設の設置条例を廃止した後に行う必要があるが、根拠法の廃止が３月31日であり、それまで組合は存続するため、同様に当該条例は存続すること

となる。

　このため、基本的には条例廃止、施設売却、繰上償還、解散及び
それに伴う財産処分をすべて同日付けで処理することとなる。

5 　　一部事務組合の議会の議員の任期

　Ａ組合議会の議員は、構成組織市の議会の議員のうちから選挙することとし、組合議会の議員の任期は組織市の議会の議員の任期によるものと規約で定めている。

　さきの統一地方選挙により、構成8市のうち7市の議員は、市議会議員の任期満了をもって組合議会の議員任期も満了した。残るＢ市議会の議員は、市議会議員の任期満了の時期ではないので、組合議会の議員任期も満了していないが、Ｂ市議会では、組合議会の議員の選挙を2年に一度行っているため、このたび、新たに組合議会の議員を選出した。

　この場合、既に選出されていたＢ市議会選出の組合議員は、議員自らの意思によりその身分を離脱するものでないため、Ａ組合議会の議員でなくなったことは、辞職に当たらず、辞職願の提出の必要はないと考えてよいか。

　一部事務組合の議会の組織及び議員の選挙の方法は、規約に規定を設けなければならないとされている（自治法287Ⅰ⑤）。議員の任期に関する事項についても、広義には議会の組織に含まれるものと解されるため、規約事項とされている。

　Ａ組合では、組合議会の議員の任期は「組織市の議会の議員の任期」と規約で定めており、Ｂ市の議会議員の任期満了までは、組合議会の議員はその職にある。

　設問のケースのように、Ｂ市の議会において新たに組合議会の議員を選出したからといって、既選出の組合議会の議員の任期が満了することにはならない。そのため、組合規約に特段の定めがない場

合、組合議会の議員がその職を離れるには、地方自治法292条の規定により、同法126条を準用して組合議会の許可が必要となる。

　なお、設問のケースでは、規約上の任期前に新たな組合議員の選任を行っているが、選挙事由が発生していないにもかかわらず行われた選挙は、法律上の手あてがなされていない以上事実上の行為といわざるを得ない。したがって、組合の規約の中に、組合議員選挙について任期満了前に選挙することを認める規定があるなどの場合を除き、組合議員選挙は組合議員の任期が満了したときや、欠員が発生したときなど、選挙事由が発生したときに行うことが適当である。

Q 6 一部事務組合の会館の建て替えに伴う規約及び条例の改正

組合において所有している会館が地震により著しい損傷を受けたため、会館を休館とし、新会館の建設準備を進めたい。

(1) 会館を事務所としていたが、仮事務所への事務所所在地変更に伴い、規約を改正する必要があるか。

(2) 新会館が完成するまでの間、会館は業務を行わないが、会館の設置及び管理運営に関する条例を廃止する必要はあるか。

1 設問(1)について

地方自治法4条1項によれば、「地方公共団体は、その事務所の位置を定め又はこれを変更しようとするときは、条例でこれを定めなければならない。」と規定されている。また、一部事務組合については事務所の位置を規約で定めることとされており（同法287Ⅰ④）、事務所の位置に変更があった場合は規約の変更の届出を総務大臣又は都道府県知事宛てに行うこととなる（同法286Ⅱ）。

今回のような地震又は庁舎改築等のために一時的に庁舎を別の場所に移すような場合は、事務所の位置の変更として取り扱うべきものではないと考えられており、今回の地震に伴う仮事務所への移転は事務所の移転として規約の変更の届出を行う必要はないと考えられる。ただし、組合構成団体の広報やホームページ等により仮事務所の所在地については対外的に周知する必要がある。

② 設問(2)について

　同法244条の2第1項によれば、「普通地方公共団体は、法律又はこれに基づく政令に特別の定めがあるものを除くほか、公の施設の設置及びその管理に関する事項は、条例でこれを定めなければならない。」と規定されており、特別地方公共団体である一部事務組合にも当該規定が準用される（同法292）。また、公の施設を廃止する場合は、当該設置条例を廃止する条例を制定することが必要となる。

　「廃止」とは、公の施設をその設置目的に従って住民の利用に供しないこととすることであるが、自然力又は人為に基づき公の施設が消滅した場合においても、廃止条例を制定する必要がある。なお、公の施設は実体的要素が滅失し、現状回復が社会通念上困難と認められる場合には消滅するが、原状回復が可能で一時的に住民の利用に供し難いような場合には公の施設が消滅するとはいえないと考えられる。

　今回の場合、会館は地震により著しい損傷を受け休館し、実体的要素は破壊されたと考えられるが、新会館を建設する予定があることから、実体的要素の回復が見込まれると考えられるため、社会的通念からして住民の一時利用不能と考えるのが困難なほど建て替え期間が相当長期にわたる場合を除き、公の施設の廃止手続をとる必要はないと考えられる。ただし、会館が業務を行わない旨を組合構成団体の広報やホームページ等により住民に広く周知することが必要である。

Q

7 市町村及び財産区の意見が対立した場合の考え方

　地方自治法296条の５を根拠として、市町村と財産区の意見が対立してしまった場合、首長は市町村長としての立場が優先されるのか、それとも財産区管理者としての立場が優先されるのか。

　財産区は、その財産又は公の施設の管理及び処分又は廃止については、その住民の福祉を増進するとともに、財産区のある市町村又は特別区の一体性をそこなわないように努めなければならない（自治法296の５Ⅰ）。市町村又は特別区との一体的関係を保持させつつ、財産区の運営にその意思を反映させることを目的として、市町村及び特別区は、条例で、財産区に財産区管理会を置くことができる（同法296の２Ⅰ）。

　財産区は原則として固有の議会を有しておらず、執行機関の規定を欠くのみならず、財産区管理会も当然に必置の機関ではない。ただ、同法296条の５の運用から、財産区には少なくとも財産区管理会を設けることが適当であり、本条は、むしろ、財産区管理会の設置を前提として立法されたものと解される。

　財産区管理会は、財産区管理委員をもって組織する審議機関であり、財産区の財産又は公の施設の一定の管理及び処分又は廃止についてあらかじめその同意を必要とするものである（同法296の３Ⅰ）。したがって、財産区管理会の同意が得られない限り、たとえ、財産区の属する市町村の議会の議決があったとしても、当該議決に基づく処理はなし得ないものである。なお、運用上は、議案を市町村議

会へ提出する前に、財産区管理会へ事前の審議に付することが適当である。

　このことから、市町村と財産区の意見が対立した場合、市町村の意向により市町村議会で議決を経たとしても、財産区の財産又は公の施設の一定の管理及び処分又は廃止については、財産区管理会の同意がない限りなし得ないことになる。

　また、同法295条に基づき、財産区の財産又は公の施設に関し必要があると認めるときは、都道府県知事は、市町村議会の議決を経て（行実昭和22年1月31日）、財産区に議会又は総会を設けることができ、市町村議会が行使すべき権限を議会又は総会が行使することになる。

　ここでいう「必要があると認めるとき」とは、①財産区の事務が複雑なため若しくはきわめて一局部のため、市町村議会をして議決の任に当たらせることが真に財産区の事務を実情に即して処理するのに適当でないと認められる場合、②財産区の利害と市町村の利害とが必ずしも一致せず市町村議会をして公平に財産区の事務を議決させることが適当でない場合等において、財産区固有の意思決定機関を設ける必要がある場合等を指すものである（行実昭和27年6月21日）。

　すなわち、いずれの立場を優先させるということではなく、市町村と財産区とが一体性を保つために、両者において十分に協議を行うことが適切である。

　なお、同法296条の6の規定により、財産区の事務に関し関係機関相互間に紛争があるときは、都道府県知事が、当事者の申請又は職権により、これを裁定することができる。

第 **5** 章

公の施設

公の施設

1 医療滞在ビザで滞在中の外国人と公の施設

医療滞在ビザで滞在中の外国人は、市の公の施設である心身障害者通所訓練施設を利用することができるか。

　地方自治法244条１項によると、「公の施設」とは、住民の福祉を増進する目的をもって住民の利用に供するために、普通地方公共団体が設ける施設である。このように、公の施設は、当該普通地方公共団体の住民の利用に供するための施設であり、同条２項及び３項において、当該地方公共団体の住民に対する不当な利用拒否や不当な差別的取扱いを禁じている。

　そもそも、住民の基本的権利については、同法10条２項により、「住民は、法律の定めるところにより、その属する普通地方公共団体の役務の提供をひとしく受ける権利を有」すると規定されている。この住民の基本的権利を具体化したのが、公の施設の利用に関する同法244条である。したがって、公の施設の利用は、同法10条１項にいう住民が、その住民たる資格に基づいて有する権利である。

　そこで、本件質問について考えると、同項の「住民」に、医療滞在ビザで滞在中の外国人が含まれるのかが問題となる。

　住民とは、同項によると、「市町村の区域内に住所を有する者」である。「住所」とは、自然人については、生活の本拠である場所である（民法22）。国籍のいかんを問わない。問題となるのは、生活の本拠であるか否かの認定についてである。この認定は、客観的居

住の事実を基礎とし、これに当該居住者の主観的居住意思も総合して決定することとなるが、結局は各種の実状を斟酌し、個別具体的に判断することになる。

　そこで本件の場合について考えると、医療滞在ビザは、外国人が日本において治療等を受けることを目的として入国するときの許可の証明である。この医療滞在ビザの具体的性格が不明であるが、単に日本においてより高度な治療訓練を受けようとして来日したのであれば、あくまで生活の本拠は外国にあり、日本には治療のために単に滞在しているに過ぎない。したがって、医療滞在ビザで滞在中の外国人は、同項及び同法244条の「住民」ではないと考える。

　このように、本件の外国人が公の施設の本来的な利用対象者でないとすると、次に問題となるのは、公の施設を当該地方公共団体の住民以外の者は、利用することはできないのか、という点である。日本国憲法14条の平等原則の趣旨から考えれば、事情の許す限り、当該地方公共団体の住民と同様に取り扱うべきと考える。特に、病院のように、高い公共性を持つ公の施設の場合は、その設置目的などから考えて、必ずしも当該地方公共団体の住民の利用のみに限定すべきではないと考える。

　本件における心身障害者通所訓練施設は、障害者の日常生活及び社会生活を総合的に支援するための法律（障害者総合支援法）に基づき、心身障害者の必要に応じて授産、更生等を行うための通所施設である。対象者は障害者・障害児及び政令で定められた難病等がある者で、利用にあたっては市区町村への申請及び介護給付等の決定を受ける必要があるため、利用可否は個別に市区町村へ確認する必要がある。

2 公の施設の一時移転に伴う条例改正と名称変更に係る再議決の有無

　A市では、公の施設（保育所、児童館）の建て替えを予定している。その際、施設を一時移転し旧敷地内に建設を行う。その場合、設置条例の位置の変更の改正が必要であるとの実例が示されている。一方、地方自治法4条に規定されている事務所については、松本英昭著『逐条地方自治法』によれば、新改築に伴う一時移転の場合、条例改正は不要との見解が示されている。両者の考え方の違いと、A市の対応の仕方について聞きたい。

　また、建て替え後の施設について、指定管理者制度を導入しており、施設の名称変更が伴う場合は、改めて指定管理者の指定の議決を必要とするか。

　まず、公の施設について考えると、地方自治法244条の2第1項で「普通地方公共団体は、法律又はこれに基づく政令に特別の定めがあるものを除くほか、公の施設の設置及びその管理に関する事項は、条例でこれを定めなければならない。」と規定されている。この「公の施設の設置及びその管理に関する事項」に、本件のような建て替えに伴う一時的移転が含まれるのか、が問題となる。

　そもそも、公の施設とは、同法244条1項によると、住民の福祉を増進する目的をもって、住民の利用に供するため、普通地方公共団体が設ける施設である。すなわち、公の施設の本質は、住民の福祉を増進するために住民の利用に供するところにある。したがって、公の施設は、住民との利用関係において、その施設の存在を広く周知され、その活発な使用を予定されているものである。そこ

で、公の施設の設置及びその管理については、条例で規定すべきとされているのである。

このように考えると、本件のような建て替えに伴う一時的な移転であっても、公の施設としての住民の利用関係や、公の施設としての設置目的・管理運営などの面において、新たに公の施設を設置する場合と何ら変わらないものと思われる。したがって、同法244条の2第1項の「公の施設の設置及びその管理に関する事項」に該当し、建て替えに伴う一時的な移転であっても、条例の改正が必要と考えられる。

これに対して、同法4条の「事務所」は、どうであろうか。同条1項では、「地方公共団体は、その事務所の位置を定め又はこれを変更しようとするときは、条例でこれを定めなければならない。」と規定されている。ここでいう事務所とは、地方公共団体の主たる事務所を指し、都道府県の場合は都道府県庁、市町村や特別区の場合は市役所、区役所、町村役場のことである。そして、本質問のように、松本英昭著『逐条地方自治法』によれば、「火災又は庁舎改築等のため一時的に庁舎を別の場所に移すような場合は事務所の位置の変更として取り扱うべきものではない」とし、建て替えに伴う一時的な移転が同項の「その事務所の位置を定め又はこれを変更」することに該当しない、としている。

同条の事務所の位置は、確かに住民の利害に大きな影響を与える（自治法4Ⅱ・Ⅲ）。しかし、同条の「事務所」とは、地方公共団体がその事務を掌る主たる所であり、その本質は、主として地方公共団体それ自身の使用に供されるところにある。とすると、事務所の位置の同一性が維持されている限り、「その事務所の位置を定め又はこれを変更」することに該当しないと考える。したがって、事務所の建て替えにより一時的に移転した場合、事務所の実体的要素が

減失しても、直ちに再び同一場所に設置されることを予定しているので、同条1項に該当せず、条例の改正は不要と解される。

　このように考えるならば、本質問の場合、公の施設の建て替えの際、施設を一時移転するのであるから、設置条例の位置の変更の改正が必要であろう。

　なお、当該施設が指定管理者制度導入施設である場合、改めて指定の議決が必要かが問題となる。また、施設の建て替え後に名称が変更される場合について、同法244条の2第6項では「普通地方公共団体は、指定管理者の指定をしようとするときは、あらかじめ、当該普通地方公共団体の議会の議決を経なければならない。」とあるが、指定管理者の指定に当たって議決すべき事項の中には、通常、施設名称があるべきことから、あらためて指定管理者の指定の議決が必要となる。ただし、議決の方法は、再指定の議決を行うか、また、公の施設の設置管理条例の改正条例の中で附則に規定するかは各地方公共団体の個別判断となる。

3　公の施設の目的外使用許可

　A市では、集会所を建設し、町会にその管理を行わせたいと考えている。集会所建設に当たり、町会から「町会所有の『みこし』（近くの神社に毎年奉納される）を入れるための倉庫を併設して欲しい」という要望が出ている。このような倉庫を併設することはできるか。
　また、既存の集会所に倉庫があった場合に、このような『みこし』の置場に使用させることはできるか。

　まず、本件質問において、町会に集会所の管理を行わせることができるかについて考えてみる。地方自治法244条の2第3項によると、普通地方公共団体は公の施設の管理を指定管理者に行わせることができるとされているが、町会においても条例に基づき議会の議決を経て指定された場合は、集会所のようなコミュニティ活動の拠点となる公の施設の管理を行わせることができる。

　次に、本件質問において問題となるのは、『みこし』を入れるための倉庫を併設することができるか、という点である。確かに、『みこし』は、祭りの際に重要な役割を果たし、住民の共同体意識などを醸成させる効果がある。

　しかし、日本国憲法89条は、「公金その他の公の財産は、宗教上の組織若しくは団体の使用、便益若しくは維持のため、又は公の支配に属しない慈善、教育若しくは博愛の事業に対し、これを支出し、又はその利用に供してはならない。」と定め、その前段で、宗教上の組織・団体の利用に、公の財産を供することを厳格に禁止している。ここでいう「公の施設」とは、国や地方公共団体に直接又

は間接に帰属する財産を指すので、普通地方公共団体が設ける「公の財産」も含まれると考える。この同条前段の趣旨は、同法20条1項の信教の自由と同条3項の政教分離の原則を財産面から裏づけようとするものである。すなわち、国や地方公共団体が宗教上の組織・団体に対し財政的援助をすることは、ある意味では宗教的活動となり、また信教の自由を侵害することになるので、厳格に禁止しているのである。

　そこで、本件について考えると、確かに『みこし』は、宗教上の組織・団体の所有ではなく、町会が所有している。しかし、歴史的沿革等から形式的には町会所有であっても、町会の中に神社の役員や氏子などがいると、実質的には神社の後援団体が所有している場合もある。これらの神社の後援団体は宗教上の組織・団体に該当する（行実昭和27年11月7日）。このような場合には、宗教上の組織・団体が所有する『みこし』を入れるための倉庫を地方公共団体が併設することは、同法89条に反すると思われる。また、純然たる町会所有であっても、『みこし』は祭りのときなどに神体をのせてかつぐ輿であり、しかも毎年近くの神社に奉納されるものであるから、宗教上の用具とされる可能性が高い。そのような場合には、宗教上の用具を入れるために、地方公共団体が倉庫を設置することは、やはり同条に抵触するおそれがある。

　では、既存の集会所の倉庫を、このような『みこし』の置場に使用させる場合は、どのように考えるべきか。公の施設に併設された倉庫は、公の施設の維持・効用を高めるための附属施設である。したがって、本件の場合のように『みこし』置場に使用する場合には、本来の利用目的から離れ、行政財産の目的外使用の許可の問題に該当する（自治法238の4Ⅶ）。日本国憲法89条は宗教上の組織・団体に対し財政的援助をすることを禁止したものであり、常にすべての

公の施設の利用を禁止したものとはいえない。この目的外使用の許可の問題においては、宗教上の用具とされる可能性が高い『みこし』について、一般の使用とは異なった特異的な利用を認めることとなり、同条に違反するおそれがあるため、十分に注意しなければならない。

4 公の施設における会員制の導入

公の施設の利用形態として会員制を採用することができるか。もし会員制を採用することができるとしたら、法人会員を募って割安な年会費を設定することができるか。

公の施設の利用関係については、地方自治法244条2項で地方公共団体による住民に対する不当な利用の拒否を禁止し、同条3項で地方公共団体による不当な差別的取扱いを禁止している。そこで、公の施設の利用形態として会員制を採用することができるか、が問題となる。

公の施設とは、住民の福祉を増進する目的をもって、住民の利用に供するため、普通地方公共団体が設ける施設である（自治法244Ⅰ）。すなわち、公の施設の本質は、住民へのサービス提供を主眼にしているので、公の施設の利用形態を定めるに当たっては、公の施設が広く効率的に住民に利用されることを考慮すべきである。とするならば、住民が公の施設を利用する誘因として、一定程度の回数分の料金を年会費として設定し、個人が年間を通して利用できる会員制を、使用料の体系の一種として設けることができると考える。現在、美術館などの入場料に団体割引の制度が広く行われているが、これも同様の趣旨に基づくものである。ただし、公の施設の利用者を会員のみに限定したり、著しく会員を有利に取り扱ったりする制度は、同条2項や同条3項に抵触するおそれがある。

では、公の施設について、法人会員を募って割安な年会費を設定することができるか、について考えてみる。ここでは、まず、公の施設の使用料（同法225）として法人会員制を採用することができ

るか、が問題となる。

　公の施設は、当該普通地方公共団体の住民の利用に供するための施設である。この住民概念については、同法10条1項によると、「市町村の区域内に住所を有する者は、当該市町村及びこれを包括する都道府県の住民とする。」と定められており、この中には自然人、法人の双方を含むと解されている。この点からすれば、公の施設の使用料として法人会員制を採用できるようにも思える。しかし、そもそも公の施設とは、住民の福祉を増進する目的をもって住民の利用に供するための施設である。法人会員制を採用すると、公の施設の実際の利用者は法人の構成員となり、必ずしも当該地方公共団体の住民ではなくなる。これらを考慮すると、公の施設の使用料として法人会員制を採用することには、疑問が残る。公の施設の性格、提供されるサービスの内容、一般利用者への影響などを考えて、慎重にその当否を検討すべきである。

　次に、公の施設における利用料金制（同法244の2Ⅷ）として、法人会員制を採用することができないか、を検討する。この公の施設における利用料金制は、管理委託の相手方の範囲拡大とあわせ（同法244の2Ⅲ）、平成3年の地方自治法改正によって創設されたものである。この改正趣旨は、普通地方公共団体が住民のニーズに応えて多様な行政活動を展開していくため、企業性と公共性の調和を図ろうとしたものである。この趣旨により、管理受託者の自主性の発揮と会計事務の効率化の観点から、利用料金制が創設されたのである。とすると、公の施設における利用料金制として法人会員制を採用することは、多様な利用形態を導入するという企業的経営活動の一環として、利用料金制導入の趣旨に沿うものと考える。ただし、この場合においても、公共性との調和を図るべきである。なお、利用料金制は、平成15年の地方自治法改正により、管理委託制度がな

くなり、指定管理者制度となってからも、地方自治法244条の2第
8項及び第9項に基づいて、必要があると認められる場合には利用
料金を当該指定管理者が自らの収入とすることができ、条例の定め
る範囲内で料金を設定し収入とすることも可能となっている。

　したがって、普通地方公共団体は、利用料金の事前承認制（同法
244の2 IX）を通じ、また指定管理者に対する報告徴収権、実地調
査権及び指示権（同法244の2 X）を適切に行使し、企業性と公共性
の調和を図るように努めなければならない。

5 公の施設の利用制限

　A市は図書館設置条例を制定し、市内に図書館を設置している。この図書館において、ある利用者が1日に大量の本の貸出や返却を繰り返すなどの問題行動が複数回あった。そこで市は、当該利用者に対し、二度にわたり問題行動を指摘し、改善しなければ利用制限を受けることになる旨の通知をしたが、なお改善がみられなかった。このような場合に、図書館運営規則に基づき、期限を定めずに当該利用者の利用や入館を禁止する処分を行うことはできるか。なお、A市の図書館設置条例では、管理運営に関する事項など条例の施行に関する事項は規則に全面的に委任しており、条例上は利用制限に関する規定を特段設けていない。

　地方公共団体が住民の権利を制限するには、法令に特別の定めがある場合を除くほか、条例によらなければならないところ（自治法14Ⅱ）、規則により利用禁止処分を行うことができるか。A市の図書館設置条例の委任の範囲が問題となる。

　まず、同法244条2項では、「普通地方公共団体は、正当な理由がない限り、住民が公の施設を利用することを拒んではならない。」とされているが、本件図書館が同条の「公の施設」に当たることは明らかであり、「正当な理由」がない限り住民の利用を拒むことはできないから、規則によりこの規律を具体化しているものと考えられる。

　次に、A市の図書館設置条例では、利用制限に関する委任の範囲が不明確であることから、図書館法に根拠を求める。同法の趣旨に

鑑みれば、個々の住民の公立図書館利用権が重要な権利であること
は明らかであって、これをみだりに制限することは許されない。た
だ、一部の利用者が公立図書館の管理運営に重大な支障をもたらす
態様で利用するような場合には、図書館の設置目的を実現するため
にも、必要かつ合理的な範囲内で当該利用者の図書館利用を制限す
る必要が生じ得ることは明らかであり、図書館法等がそのような制
限を一切想定していないとは考え難い。

　したがって、A市の条例や規則の内容について個別具体的に検討
する必要はあるものの、当該利用者に引き続き本件図書館の施設等
の利用を許したのでは本件図書館の管理運営に重大な支障を生ずる
おそれが大きい場合に限り、当該支障発生の防止のために必要かつ
合理的な範囲内で、当該利用者の利用や入館を禁止し得ると解す
る。この前提において、本件規則による処分は、図書館法、地方自
治法その他の関係法令に反するものではなく、条例の委任の範囲を
逸脱するものでもない。

　次に、当該問題行動に対して、A市が行った期間を定めずに利用
を全面的に禁止する処分は必要かつ合理的であるかが問題となる。

　この点、本件の場合は二度にわたり問題行動を指摘し、改善しなけ
れば利用制限を受けることになる旨の通知をしたが、なお改善がみら
れなかった状況であったほか、1日に大量の本の貸出や返却を繰り
返すような行為は、本件図書館の職員や設備、図書等に多大な負担
等を生じ又は生じ得るものであり、かつ、本件図書館の正常な利用過
程において繰り返す必要が生ずることが想定し難いものである。

　したがって、引き続き本件図書館の施設等の利用を許したのでは
本件図書館の管理・運営に重大な支障を生ずるおそれが大きく、当該
支障発生の防止のため、本件処分のように本件図書館の資料及び施
設の利用を全面的に禁止することは必要かつ合理的であると解する。

　以上のことから、設問の事例では、規則に基づいて期限を定めずに当該利用者の利用や入館を禁止する処分を行うことはできると考えられる。

　一方で、地方自治法244条の2第1項では、「普通地方公共団体は、法律又はこれに基づく政令に特別の定めがあるものを除くほか、公の施設の設置及びその管理に関する事項は、条例でこれを定めなければならない。」としている。

　そもそも公立図書館は、利用者に対して思想、意見その他の種々の情報を含む図書館資料を提供してその教育に資すること等を目的とする公的な場であるから（図書館法3Ⅰ）、本来、そのような図書館の利用者の自由は、十分に尊重されるべきものである。さらに、法律による行政の原理を踏まえれば、利用制限を行うことができる事由については、地方自治法の原則どおり条例で定めておくことが望ましい。あるいは、同法10条では「公立図書館の設置に関する事項は、当該図書館を設置する地方公共団体の条例で定めなければならない。」とされており、設置に関する事項のみを条例事項としていることに鑑みれば、管理運営に関する事項を規則で定めることを一切認めない趣旨ではないと考えられる。こうした解釈に基づいて管理運営に関する事項を規則に委任するのであれば、少なくとも委任事項を条例上明確にしておくべきであろう。

　なお、当該利用者に対し、期限を定めずに利用禁止処分をしたことについてであるが、二度にわたり問題行動を指摘し、改善しなければ利用制限を受けることになる旨の通知をしたが、なお改善がみられなかった状況を踏まえると、A市として処分をした時点において、こうした問題行動が解消される時期を見通すことは極めて困難であると思われる。とはいえ、一般論として期間を定めない処分は、利用者の権利を著しく制限するものであるから、今後は同様の

問題行動を繰り返さない旨誓約すれば利用禁止を解除するとして誓約をさせるなど、処分が必要最小限度となるように努めるとともに、処分の必要性がなくなった場合は直ちに利用制限の解除や撤回を行う必要があるだろう。

6 公の施設設置条例施行前の募集行為

公の施設の設置条例を公布後、施行する前に保育園の園児を募集することができるか。あるいは、募集前に条例を施行しておくべきか。

公の施設とは、地方自治法244条1項により、「住民の福祉を増進する目的をもってその利用に供するための施設」とされており、同法244条の2第1項は、その設置等については条例によるべく、「普通地方公共団体は、法律又はこれに基づく政令に特別の定めがあるものを除くほか、公の施設の設置及びその管理に関する事項は、条例でこれを定めなければならない。」と規定している。

公の施設の設置といいうるものは、公の施設を住民が利用することができる状態になっている必要があると考えられるので、一般的には、公の施設として住民の利用に供しうる段階で公の施設の設置及び管理に関する条例を定めることとなる。

設問のように、その性質や利用の目的によっては、施設の利用を確保するために実際の利用のかなり前に申し込みをするのが通例のものもあるが、このような場合においても、公の施設として住民の利用に供する際は、地方公共団体としての意思的行為を必要とするのであり、この意思的行為である供用開始行為については、その旨を一般に公示することが適当であるとされており、公の施設の設置条例の制定公布が供用開始行為であると考えられる。

設問の場合、保育園の園児を募集する前に条例を施行しておくという考え方もあるが、実態としては特に保育園の設置の場合、近年の保育需要の高まりの中にあって、困難なケースが多いように思われ

る。たとえば、保育園の施設建設中に条例を制定公布することにより、地方公共団体として完成後の施設は公の施設である旨の意思表示をしたうえで、園児募集を受け付けて、施設が住民の利用に供しうる状態となるのを待って条例を施行するという方法も可能である。

7　使用料に差を設けることの適否

A市では市営のサッカー場があり、利用者に対して使用料を徴収している。今までは、市民と市民以外の利用者に対して同額の使用料を徴収していたが、市の税収不足を解消するため市民以外が利用する場合、市民より高額な使用料を徴収することにした。このようなことは可能であるのか。

地方自治法10条1項では、「市町村の区域内に住所を有する者は、当該市町村及びこれを包括する都道府県の住民とする。」と規定されており、市町村の区域内において住所、すなわち生活の本拠を有するかどうかで、その市町村の住民かそうでないかの判断が分かれることになる。

また、同条2項では、「住民は、法律の定めるところにより、その属する普通地方公共団体の役務の提供をひとしく受ける権利を有し、その負担を分任する義務を負う。」とされ、同法244条1項では、「普通地方公共団体は、住民の福祉を増進する目的をもってその利用に供するための施設（これを公の施設という。）を設けるものとする。」となっている。

さらに、同法244条の2第1項では、「普通地方公共団体は、法律又はこれに基づく政令に特別の定めがあるものを除くほか、公の施設の設置及びその管理に関する事項は、条例でこれを定めなければならない。」となっている。

また、使用料については、同法225条では、「普通地方公共団体は、（中略）公の施設の利用につき使用料を徴収することができ

る。」となっている。同法228条では、「分担金、使用料、加入金及び手数料に関する事項については、条例で（中略）定めなければならない。」とされ、同法96条1項4号では、「法律又はこれに基づく政令に規定するものを除くほか、地方税の賦課徴収又は分担金、使用料、加入金若しくは手数料の徴収に関すること」について、「普通地方公共団体の議会は、（中略）議決しなければならない。」とされている。

　これらのことから、使用料に関する事項は、議会の議決事項であり、条例に規定する事項であるが、同法244条3項では、「普通地方公共団体は、住民が公の施設を利用することについて、不当な差別的取扱いをしてはならない。」としており、公の施設の適正な利用を確保しようとしている。ここで禁じられているのは、当該普通地方公共団体の住民に対する不当な利用拒否、不当な差別的取扱いであり、他の地方公共団体の住民に対する利用の拒否ないし制限、差別的取扱いについては本条の関知するところではない。しかし、日本国憲法14条の趣旨から、事情の許す限り、当該普通地方公共団体の住民と同様の取扱いをすべきである。したがって、他の普通地方公共団体の住民が公の施設を利用するに当たり著しく多額の使用料を徴収する等、不当に不利益な利用条件を課すること等は適当ではない。しかし、当該普通地方公共団体の住民をして他の地方公共団体の住民に比してある程度優先的に公の施設を利用させること等は問題ないといえる。

　なお、不当な差別的取扱いは禁止されているが、合理的な差別的取扱いは当然許される。たとえば、生活困窮者に対して使用料を減免すること等は許される。

　したがって、本事例のように市民と市民以外で使用料に差を設けることは、差し支えないと考えられる。

Q

8　指定管理者の指定期間

　A市は、市立図書館について、指定管理者の指定期間を３年間とし、Ｂ社に管理を行わせていたが、このたび、市立図書館の建替工事により、指定期間を２年間に短縮する必要が生じた。この場合に議会の議決は必要か。

　なお、本来、指定期間はどのくらいにすべきか。また、指定期間が複数年にわたる場合は、必ず債務負担行為として予算で定めなければならないか。

1　指定期間を変更する場合の手続

　地方自治法244条の２第６項の規定により、「普通地方公共団体は、指定管理者の指定をしようとするときは、あらかじめ、当該普通地方公共団体の議会の議決を経なければならない。」とされており、平成15年７月17日の総務省自治行政局長通知において、「指定に当たって議決すべき事項は、指定管理者に管理を行わせようとする公の施設の名称、指定管理者となる団体の名称、指定の期間等である」とされている。このことから、指定期間は議会の議決事項である。

　また、議会の議決を経た契約内容の変更については、「事項の変更については、すべて議会の議決を経なければならない。」とする行政実例（昭和26年11月15日、地自行発第391号）があり、これを踏まえれば、設問の「指定期間の変更」も議会の議決を要することとなる。

　なお、指定期間の延長については、指定期間が終了した後、改めて指定管理者の指定を行うのが本来であるので、慎重に対応すべき

である。

② 適切な指定期間

　次に、指定期間の目安であるが、指定期間の基準等に関する明確な規定は存在しないため、施設の性格を踏まえ、各地方公共団体が個別に判断することとなる。一般的に、会館等は指定期間が短期（3～5年）となるケースが多く、社会福祉関連施設や医療関係施設等は指定期間が長期（5～10年）とされるケースが多い。ちなみに、病院で指定期間が30年とされた事例がある。

③ 指定期間が複数年にわたる場合の予算措置

　地方自治法244条の2第4項の規定により、「条例には、指定管理者の指定の手続、指定管理者が行う管理の基準及び業務の範囲その他必要な事項を定めるものとする。」とされている。したがって、これらの事項以外は、地方公共団体と指定管理者が協議により定めることとなる。

　平成22年12月28日の総務省自治行政局長通知において、「指定期間が複数年度にわたり、かつ、地方公共団体から指定管理者に対して委託料を支出することが確実に見込まれる場合には、債務負担行為を設定すること。」とされており、後年度以降の支出を義務付けることとなるような場合には、指定管理者を指定するまでに債務負担を設定する必要があるとの見解がある。

　一方で、委託料は、指定管理者の指定に当たっての議決事項には含まれないため、指定後の協定において設定する場合もある。協定では、指定期間を通じた総額の金額設定をするのではなく、単年度ごとの予算額により年度協定で確定させる。そのため、債務負担行為を設定しない。

　指定期間が複数年にわたる場合において、協議により、地方公共団体が複数年で一定金額を支払うこととした場合には、債務負担行為として予算で定めておく必要があるが、1年ごとに金額を決定していくのであれば、その必要はない。

Q 9　公園の管理

　A市は、B公園の管理を直接行っていたが、このたび、指定管理者制度を導入し、C社に管理を行わせることを検討している。この場合、都市公園法の規定に基づき、C社が公園施設の管理に係る公園管理者の許可を受ける必要があるか。

1　地方自治法と個別法との一般的な関係

　指定管理者制度を定めた地方自治法は一般法であり、個別法に公の施設の管理に関する特別の定めがある場合は、その規定が優先する。たとえば、学校の管理は、学校教育法において、「学校の設置者は、その設置する学校を管理し」とあり、管理を行うのは学校の設置者に限られている。同様に、道路や河川の管理については、道路法、河川法において、道路管理者、河川管理者が定められており、これらの管理を指定管理者に行わせることはできない。

2　公園の管理に係る都市公園法と地方自治法との関係

　都市公園法の規定では、公園の管理は公園管理者（設置主体である地方公共団体）が行うこととされている（都市公園法2の3）が、前述の学校教育法、道路法及び河川法と異なり、公園管理者の許可を受けて、公園管理者以外の者が公園内に公園施設を設け、又は公園施設を管理することが認められている（同法5）。

　この場合に、指定管理者制度を定めた地方自治法との関係が問題となるが、両者の関係は、平成15年9月2日の国土交通省の通知（国都公緑第76号）により、以下のとおり整理されている。

① 地方公共団体は、都市公園法5条の規定による許可を要することなく、指定管理者に公園施設の管理を行わせることができる。

② 指定管理者が行うことができる管理の範囲は、公園管理者が行うこととしている都市公園法に定められている事務（占用許可、監督処分等）以外の事務であり、都市公園条例において明確に定める必要がある。

③ 公園管理者は、従前の通り、都市公園法の規定に基づき、公園管理者以外の者に公園施設の管理を行わせることができる。この場合、公園管理者以外の者は、指定管理者制度に係る条例に基づくことなく、自らの収入として料金収受することができる。

設問の場合は、地方自治法の規定に基づいて、C社は地方自治法の規定に基づく指定管理者として公園の管理を行うことになるため、前記①により、都市公園法の規定に基づく公園管理者の許可を受ける必要はない。

Q

10 財産区による公の施設の管理運営

　Ａ市においては、Ｂ財産区から土地を借りてキャンプ場を運営しており、キャンプ場における管理棟・広場・遊歩道・トイレ等の市所有の施設について、管理運営を指定管理者に委託したいと考えているが、当該キャンプ場の中心施設であるテントサイトはＢ財産区所有の施設であり、これらの施設を一体として利用することが利用者の便宜でもあるため、Ｂ財産区を指定管理者として指定したいと考えている。このような財産区への管理運営の委託は可能か。

　財産区とは、市町村又は特別区の一部で財産を有し若しくは公の施設を設けているもの、又は市町村及び特別区の廃置分合、境界変更の場合における財産処分の協議に基づき市町村及び特別区の一部が財産を有し若しくは公の施設を設けるものとなるものがある場合に、その財産又は公の施設の管理及び処分又は廃止について法律上独立の人格を与えられたものをいう。

　財産区は、その所有し又は設置する財産又は公の施設の管理及び処分の範囲内において権能を有するにすぎない。このため、指定管理者となることが、この権能の範囲内であるかどうかが問題となる。

　ここで、財産区の権能を検討するに当たり、類似の事例として、財産区が財産を取得することができるかについて確認する。財産区は全く新たに財産を取得することはできないが、このことは、在来の財産の本質に変更を加えないような財産の取得、あるいは在来の財産の管理の範囲に属する取得までも禁止しているということには解されない。行政実例においては、財産区が新たに取得できる財産

は、当該財産区の本来の目的及び性格から許される範囲内のもので
なければならないが、当該財産区が処分した財産と同一種類の財産
に限られるわけではないとするもの、また、財産区は、当該財産区
の本来の目的及び性格に反しない限り、当該財産区が有する財産の
管理又は処分により生じた現金をもって財産を取得することができ
る（行実昭和58年3月26日）とするものがある。

　以上の財産の取得に関する判断から類推すると、財産区が指定管
理者になることができるかという事例についても、財産区の本来の
目的及び性格から許される範囲内であれば、公の施設の管理運営を
受託することは可能であると考えられる。

　そこで、本件事例に即して考えると、B財産区は土地及びテント
サイトを所有しており、この管理が財産区の本来の目的である。他
方、A市はキャンプ場における管理棟・広場・遊歩道・トイレ等の
市所有の施設について、管理運営を指定管理者に委託したいと考え
ているが、B財産区所有のテントサイトは当該キャンプ場の中心施
設であり、キャンプ場としてみた場合、A市所有の施設とB財産区
所有の施設は一体性を有したものといえる。A市の設置する公の施
設の管理は、B財産区の業務と密接に関連する一体的な事業とい
え、B財産区にとってA市の施設の管理は本来業務に附帯する業務
とも見ることもできる。したがって、B財産区が指定管理者として
A市の施設を管理することは、B財産区の本来の目的及び性格から
許される範囲内であると考えられるので、本件の場合、B財産区が
指定管理者となることは許されると考える。

11 指定管理業務の子会社への委託

　Ａ市では、市立駐車場の指定管理者としてＢ社を指定することを予定しているが、Ｂ社においては、駐車場管理を以下の形態で行う予定である。

　(1)　Ｂ社が100％出資する子会社Ｃに業務委託をすることにより、Ｃ社が現地における施設運営を担当する。ただし、当該駐車場の定期利用に係る承認・取消行為及び利用料金の減免はＢ社が行う。なお、定期利用に係る申請書及び利用許可書の授受及び利用料金の収納業務は、Ｂ社の名で、実際はＣ社が行う。

　(2)　Ｂ社は、駐車場の企画全般を担当するとともに、管理運営上の最終責任を負う。

　(3)　Ｂ社は、民間等から駐車場事業を受託する場合には全てＢ社が受託し、現地における運営はＣ社に再委託する、という形態で運営を行っている。

　このような者を指定管理者として指定することは可能か。

① 管理の再委託

　指定管理者が公の施設の管理に当たり、施設の管理をさらに委託することについては、地方自治法は何ら規定していないが、公の施設は住民の福祉に供することを目的としたものであり、指定管理者の指定の手続、指定管理者が行う管理の基準及び業務の範囲その他必要な事項は条例により定める必要があるとされ、さらに指定管理者の指定は議会の議決を経ることとされていること等から考えれば、公の施設の使用に係る一連の事務を処理するに当たっては公正

さの確保が求められるものである。仮に指定管理者が受託した業務をさらに他の法人に委託することができるとすると当該地方公共団体の判断が及ばなくなり、公の施設の設置者としての責任が果たせなくなるおそれがあることから清掃、警備といった具体的業務を指定管理者が第三者へ委託することは差し支えないが、管理に係る業務を一括してさらに第三者へ委託することはできないものである。これは、再委託の相手方が子会社である等の事情の如何にかかわらず、法人格として別であれば、一括しての委託はできない。

② 再委託の範囲

本件の場合、再委託可能な範囲について検討すると、まず、指定管理者制度が、単なる施設の管理のみではなく、「公の施設の利用許可」等の行政処分を含めて管理権限を委任するものであることから、施設の利用承認・不承認、利用料金に関する事項等、指定管理者の権限に属する事項については委託できないものと考えられる。したがって、これらの権限は、B社が行使する必要がある。それ以外の事項については、個別具体的に判断することになるが、この場合にも、指定管理者制度の趣旨に鑑みて、脱法的な委託を行うことは許されないものといえる。また、B社とC社の委託関係がはっきりしていること、C社による運営により利用者との間でトラブルが生じないよう委託関係、責任関係を周知すること、については最低限必要と考えられる。

以上の条件を満たしていれば、B社からC社への委託は可能であると考える。

③ 留意事項

ただし、100％出資の子会社といっても法的には別人格であり、

第三者への委託は外部からは見えにくいものである。管理責任の明
確化という点からも、設問のような場合には、指定管理者公募の際
に、C社が単独で応募するか、B社を代表者とするグループを構成
することで単独の事業体として応募することを条件とすることに
よって、後日のトラブルの要因を取り払っておくことは、十分考慮
に値する。また、指定後においても、再委託が行われる場合の報告
の義務化や定期的なモニタリング等を行うことで、業務の実施に問
題がないか、より一層の注意を払う必要があると考える。

Q 12 指定管理者に管理を行わせることができる公の施設

公の施設であればどのような施設でも、設置者である長の裁量により、その管理を指定管理者に行わせることができると考えて差し支えないか。それとも、指定管理者に管理を行わせることができない公の施設があるか。

1 公の施設の範囲

公の施設は、地方自治法244条1項に規定されており、住民の福祉を増進する目的をもってその利用に供するための施設となっている。基本的には、市民・住民の身近な日常生活に利用され提供される諸施設であり、公共施設ではあっても、行政庁舎、試験研究機関等の行政執行に関連して整備された諸施設については、公の施設ではない。

公の施設としては多種多様なものが想定されるが、主な例をあげると、公園、運動場、道路、学校、図書館、公民館、市民ホール、文化会館、体育施設、美術館、病院、公営住宅、社会福祉施設、保育所等がある。

なお、具体的にある施設が公の施設に該当するか否かは、当該施設の設置目的及び住民の利用形態等を勘案したうえで行政的管理の必要性の有無を基準として、設置者である地方公共団体が個々具体的に判断するのが適当であると考えられている。たとえば、ごみ処理施設については、通常、直接的に住民の利用に供されることは想定されておらず、公の施設とはいい難いものであるが、敷地内に処理余熱による温水プールを設けているなど、実態として住民の利用

に供している部分があれば、当該施設全体を公の施設として管理することも考えられる。

② 公の施設の管理を指定管理者に行わせることができるケース

　同法244条の２第３項において、普通地方公共団体は指定管理者に公の施設の管理を行わせることができるとしているが、どのような施設について、管理を行わせることができるかについては明確ではない。一般的には、権力的要素の希薄な公の施設、民間において同種の事業を行っている公の施設、経済的利益を生ずるような公の施設で指定管理者に管理を行わせることによりその設置の目的を一層効果的に達成することができる場合においては、管理を行わせることとしても差し支えないものと考えられる。

③ 指定管理者制度をとれないもの

　地方自治法は公の施設の管理に関する一般法であり、個別法に公の施設の管理について定められている場合は、当該個別法の規定が優先することとなる。

　たとえば学校については、学校教育法において「学校の設置者は、その設置する学校を管理し」とあり、「管理を行うのは管理者に限られる」というのが同法の趣旨と解されることから、その管理を指定管理者に行わせることはできないこととされている。また、道路や河川については、それぞれ道路法、河川法において、道路管理者、河川管理者が定められており、これらの管理について、行政判断を伴う事務や行政権の行使を伴う事務は、指定管理者に行わせることはできないものと解される（清掃、除草等の定型的な行為に該当するもので、いわゆる事実行為の範囲については、包括的に委任することも可能である。）。

　また、公立病院や水道事業であっても、民間の株式会社を指定管理者として当該施設の管理を行わせることは、地方自治法上は可能であるが、病院事業にあっては医療法、水道事業にあっては、水道法等それぞれの業に関する個別法の規定により、指定管理者が行うことのできる業務等の面で制約が生ずることがあり得る。たとえば、水道事業で利用料金制を採用する場合には、担う業務の範囲によっては指定管理者が水道法上の事業者となるので、改めて事業認可が必要と考えられる。

13　市町村合併に伴う公の施設の相互利用

(1)　Ａ市とＢ町は姉妹都市提携を結んでいるが、Ｂ町は来年度から合併によりＣ市となる。現在、Ａ市とＢ町は、地方自治法244条の３の規定に基づく公の施設の相互利用を行っているが、来年度以降、合併が成立した後の相互利用の協定はＣ市に承継されるのか。

(2)　相互利用の協定が承継された場合、施設の相互利用を旧市町村単位に限って行うことが可能か。なお、Ｃ市には合併特例区は設置しない。

(1)　地方自治法施行令５条で「普通地方公共団体の廃置分合があった場合においては、その地域が新たに属した普通地方公共団体がその事務を承継する。」と規定されており、特に廃止等の手続きを取らなければ、協定はＣ市に承継されるものと考えられる。

(2)　合併特例区を設けるのであれば、市町村の合併の特例等に関する法律48条の規定に基づき、地方自治法244条の３の規定を準用することが可能であるが、Ｃ市は合併特例区を設けないとのことであるため、本条の適用はできない。

そこで問題となるのが、地方自治法244条の３に基づく協議の内容上、一部の区域（旧Ｂ町の区域）に限って、公の施設の相互利用を行うことが可能かどうかであるが、同法10条２項には、「住民は、法律の定めるところにより、その属する普通地方公共団体の役務の提供をひとしく受ける権利を有し、その負担を分担する義務を負う。」とあるため、一部の区域に限って相互利用を行うことは、合理的な理由がない限り、同法に抵触すると考えられる。

14 指定管理者に関する議会の議決

　指定の議決を得て指定管理者となった団体の法人格が、次のとおり変更となった場合、再度指定の議決を得る必要があるのか。
　(1)　法人格のない任意団体が、法人格を取得したとき。
　(2)　一般財団法人が解散し、新たに株式会社となって事業を承継するとき。
　上記(2)の場合、どの程度事業が引き継がれていれば、権利義務関係を承継したといえるのか。

　単なる名称変更の場合、再度指定の議決を得る必要はないが、団体の同一性が失われる場合は、再度指定の議決を得る必要がある。
　法人格の変更は、団体の性格に変更が生じたといえるので、①法人格のない任意団体が法人格を取得した場合、②一般財団法人が株式会社となった場合、いずれも再度指定の議決を得る必要がある。また、上記(2)の場合、そもそも一般財団法人が解散し、新たに株式会社となっていることから、同一の法人と認めることはできないので、事業の引継ぎの程度にかかわらず、再度指定の議決を得る必要がある。

15 公の施設での個人演説会等開催の可否

A村で指定管理者制度を導入している公の施設を、県議会議員選挙における候補者の個人演説会の会場として利用させることを考えているが、可能か否か。

地方自治法244条2項の規定により「普通地方公共団体は、正当な理由がない限り、住民が公の施設を利用することを拒んではならない。」とされている。

また、松本英昭著『逐条地方自治法』によると、「正当な理由」とは、個々具体的に判断するほかないが、一般的には、公の施設の利用に当たり使用料を払わない場合、利用者が予定人数を超える場合、その者に公の施設を利用させると他の利用者に著しく迷惑を及ぼす危険があることが明白な場合、公の施設の利用に関する規程に違反して公の施設を利用しようとする場合などが挙げられる。

本件施設についての利用に関する規程を確認する必要があるものの、一般的には、会議室は一般の人の利用に供することが想定されているのであれば、選挙活動に利用することのみを理由として拒否することはできないと考えられる。

なお、選挙時に演説活動を行うことのできる施設については、公職選挙法161条及び161条の2に規定されており、定められた所定の手続を経ることにより、利用することができる。

16 公の施設の区域外設置

　公共下水道汚水管布設事業について、隣接するＡ市と
Ｂ市は、15年前に「Ａ市とＢ市との公共下水道管渠布設
工事に関する協定」を締結し、Ａ市が工事を行っていた
が、今年度に完了する予定である。来年度から供用を開
始するが、施設の調査、補修などの維持管理はＡ市が行
う予定である。

　なお、管渠及びマンホールポンプ等の施設は、両市の
行政区域にまたがっているため、協定により持分割合に
応じてそれぞれの市が共有している。

　このように施設を共有している場合、施設の維持管理
について、地方自治法上の事務委託を行う必要があるか。
あるいは、私法上の契約で足りるか。

　公共下水道は、公の施設とされている（行実昭和47年１月20日等）
が、１つの公の施設を複数の団体が所有することは法律上想定され
ておらず、また、「一つの公物に対し、二つの行政主体が物権的支
配を有することは不可能といわざるをえない。」と解されているか
ら、そもそも施設の共有はできず、まず所有権を整理する必要性が
ある。

　所有権が確認された後は、施設を所有する市の「公の施設の区域
外設置」（自治法244の３）に当たり、協議と議会の議決が必要となる。

　施設の維持管理についてであるが、所有権をもつ市が維持管理を
全て行う場合は、特段の手続は必要ない。

　所有権をもたない市においても維持管理事務が生じた場合につい
ては、維持管理事務は管理事務のうちでも権力的色彩の強い事務と

はいえず、公の行政作用に属するものでない。また、住民との関係
を生じない事実上の事務委託であるので、私法上の契約で差し支え
ないであろう。

17 指定管理者となった法人の取締役が議員になった場合の対応

A市では、ある公の施設について指定管理者制度を用いて管理しているところである。このたび、当該指定管理者になっている法人の取締役がA市の議会の議員になった。この場合、地方自治法92条の2の兼業禁止規定に違反するとして、指定を取消すべきか。

1 指定管理者と議員の兼業禁止規定

指定管理者による公の施設の管理は、議会の議決を経た上で地方公共団体に代わって行うものであり、特段の事情がある場合を除き、当該地方公共団体と営利的な取引関係に立つものではないため、民法632条の請負契約や、地方公共団体から一定の報酬を得てその需要を供給すること、物品等を売り渡すことには当たらないと解される。

したがって、地方自治法上は長や議員本人又は親族が経営する会社が指定管理者となることが可能であり、地方自治法92条の2の兼業禁止規定に違反することを根拠として指定を取消すことはできない。

2 指定の取消権

指定管理者の指定の取消しについては、地方公共団体の指示に従わないときや管理を継続することが適当でないと認めるときに行うことができる。つまり、指定を取消すことができるのは、指定管理者の責めに帰す事由がある場合であり、そのような事由がないにもかかわらず指定期間の途中で指定を取り消すことは想定していない。

　したがって、指定管理者となっている法人の取締役が指定期間中に議員となったからという理由で一方的に指定を取消すことはできない。仮にそのような理由で指定を取消した場合には、当該取消しは行政処分であるから、取消訴訟や国家賠償法に基づく賠償請求の対象となるものである。

③ 指定に当たっての規制

　指定管理者の選定は、公の施設の設置目的を達成する趣旨から、公正に行わなければならないことは当然のことであり、条例により適切な選定手続が定められることに鑑みれば、各地方公共団体や事業者の状況に応じて、管理者の指定条件を設定することが可能となっている。

　通常の請負契約等との均衡を保つため、長や議員の関連する団体の請負を禁止している地方自治法の規定を準用することとし、事前に欠格条項を定めるなどの対策を講じることが有効と考える。

18　指定期間中の利用料金の変更

　Ａ市はこのたび隣接するＢ町及びＣ村と合併し、新Ａ市として発足することとなった。現在各市町村で管理する公の施設については、それぞれの市町村で指定された別の事業者が管理し利用料金を収受しているが、同種のサービスを提供する施設でも利用料金にかなりの差がある。また、各指定期間の満了日は合併後の２～３年後となっている。

　そこで合併後の新Ａ市においては、各施設の管理は合併前の各団体の議会の議決を尊重し、合併前に指定された同じ管理者が引き続き管理することとし、利用料金については住民間の公平性を図るため、一部の施設の利用料金を変更することとした。

　指定期間中の利用料金の変更は可能か。

　合併する地方公共団体の条例については、地方自治法施行令３条において暫定的に合併前の旧市町村の条例を施行することが可能であるため、新Ａ市における旧市町村の公の施設の旧条例を暫定施行する場合に、設問のような事例が生じうる。

　さて、旧市町村における公の施設の利用料金は、当然それぞれの団体の事情に合わせて勘案し、利用者負担として妥当な額か、指定管理者の施設運営に支障が生じないか等を考慮したうえで当該地方公共団体において承認したものであるから、新Ａ市においてもそれらの事情もふまえ、新Ａ市として新たに利用料金の枠組みや算定方法、利用料金の承認手続等を検討のうえ、利用料金の変更を行うべきであり、「合併」のみを根拠にして直ちに利用料金を変更するこ

とは、望ましいとはいえない。

　よって、各施設の指定期間の満了日を待ってから、利用料金を変更することが望ましい。

　一方、地方自治法244条の2第10項には、「普通地方公共団体の長等は、指定管理者の管理する公の施設の管理の適正を期するため、指定管理者に対し、当該管理の業務または経理の状況に関し報告を求め、実地について調査し、必要な指示をすることができる。」と規定されており、指定管理者の経営努力を重視し料金決定について指定管理者のイニシアティブを認めつつ、全面的に指定管理者の裁量に委ねるのではなく、公の施設として住民の利用に支障を来すことのないよう公的なチェック機能を果たすことができるようにもなっている。

　すなわち、合併前から引き続いて公の施設を管理している指定管理者に対し、新A市として同法244条の2第10項に基づき、利用する住民の分布状況の変化や利用料金の収入状況などの報告を求めることや、地方公共団体自らが実地について調査をすることが可能であり、利用料金の変更を指示することができる。

　指示に当たっては、明らかに利用料金の変更が必要であるにもかかわらず、これを行わない場合に地方公共団体が当該指定管理者に「指示」することとなり、指示があった場合には、指定管理者はそれに従って利用料金の変更を行うために、利用料金について新A市の承認を得る必要がある。

19 指定管理者に収入の一部を納めさせることの是非

　A市では、ある体育施設の管理について、事業者Bを指定して管理させることになった。この事業者は、体育施設について利用料金制を用いて収益を得ようとしているところである。A市としては、事業者Bに収入の一部を納めさせることを協定により定めたい。
　指定管理者の収益の一部を地方公共団体の収益の一部とすることは可能か。

　公の施設の利用料金制は、管理委託制度のもとでも行われていたように、施設の特性に応じ施設利用にかかる料金を定め、管理者の収入とする制度で、指定管理者に適用する場合はあらかじめ当該普通地方公共団体の承認を受けなければならず、利用料金は条例の定めるところによって指定管理者が定めることとなっている。

　設問の体育施設は公の施設であるため、指定管理者を指定して管理させることができ、指定管理者Bが、当該施設の有効な活用及び適正な運営等の観点から総合的に判断し、その範囲内であれば、事業を企画・実施することは可能である。利用料金についても、使用料に相応するもので、あらかじめ条例に定められたものを超えないものであれば、指定管理者Bがそれにより収入を得ることは問題ない。

　また、利用料金については、そもそも指定管理者の収入として収受させるものではなく、本来地方公共団体の収入であるところを、指定管理者の収入として収受させることができる、というものであるから、A市が指定管理者Bに公の施設を管理させるに当たり、収

益が出た場合について、両者が協議のうえ協定等を締結することにより、収入の一部を指定管理者に納めさせることは、可能である。

　ただし、自己努力による利益は原則として吸い上げないような取扱いにすることが指定管理者の経営努力へのインセンティブとなり、また制度の趣旨にも合致するものであるため、慎重に判断すべきであろう。

Q 20 指定管理者の取消し

A市の公共施設に関しては、民間団体に指定管理委託を行っているところであるが、この団体による施設管理に不適切なところがあり、この団体の指定を取消し、他団体への指定を検討している。指定期間中の取消しは可能か。

　指定管理者が公の施設の管理に係る不祥事等を起した場合、まずは地方自治法244条の2第10項に基づき、必要な指示を行うことになる。具体的に指示等が発動されるケースとしては、①利用者に対し、正当な理由がないのに施設の利用を拒んだり、不当な差別的取扱いをしたりするようなとき、②施設の形質を一方的に変更するようなとき、③経営効率を重視する等のあまり、要員の配置や施設の管理が当該施設の設置目的を効果的に達成するために適切なものとなっていないとき、④利用料金制をとる場合、明らかに値下げ申請をすべき場合にもかかわらず、これをしないとき、⑤災害緊急時において当該施設を使用しようとするときなどが挙げられる。前述のようなケースに該当する場合等については、同条11項に基づき、指定管理者の指定の取消しを行うことができる。よって、指定されている団体がどのような団体であろうとも、指定管理者の指定を取消すことができる。

　しかし、指定を取消すことができるのは、指定管理者の責に帰する事由がある場合であり、指定管理者の責に帰する事由がないにもかかわらず、指定の期間の途中で指定を取消すことは想定されていない。

　また、同条 6 項によると、「指定管理者の指定をしようとすると
きは、議会の議決を経なければならない」が、指定の取消しについ
ては、同条11項によると、「普通地方公共団体は、指定管理者は前
項の指示に従わないときその他当該指定管理者による管理を継続す
ることが適当でないと認めるときはその指定を取り消し」となって
おり、議決についての記載はないため、指定の取消しについて議会
の議決は必要ないと考える。

Q

21 公民館複合施設への指定管理者制度の導入の可否

現在、Ａ市は体育館と公民館の複合施設への指定管理者制度の導入を検討している。公民館への指定管理者制度の導入については、社会教育法との兼ね合いにおいて、留意すべき点はあるか。

公民館については社会教育法23条の「公民館は次の行為を行ってはならない。もっぱら営利を目的として事業を行い、特定の営利事務に公民館の名称を利用させ、その他営利事業を援助すること」に当たるかどうか、指定管理者制度の適用に当たっては異論のあるところである。

公民館への指定管理者制度の適用については、文部科学省が平成15年1月25日の全国主幹部課長会議において「公民館にも指定管理者制度を適用して、館長を含めて全面的に管理を行わせることができる」との見解を述べている。文部科学省としては、公民館を中心とした社会教育の発展を目指す姿勢に変わりはなく、公民館の設置及び運営に関する基準などに沿って、公民館が充実されていくよう適切に施策を進めていく立場にある。

仮に民間企業が指定管理者となった場合でも講座だけでなく、地域でのイベントやまちづくりの活動など、さまざまな活動を展開するであろうから、不適切な運営などがないようにチェックされるはずのものである。このため、地域の実情をふまえて、自治体が住民サービス向上の観点から、自主的に判断して適用していくべきものであると考える。

第 **6** 章

住民基本台帳・その他

住民基本台帳

Q 1 　届出義務者と届出の審査

　夫が未成年である子に係る転出届（転出先は夫の実家）を自分の知らぬ間に行ったとして、憤慨した妻が窓口に来庁した。夫と妻とは婚姻関係にあるが、現在離婚調停を準備しているとのことである。妻は転出した子の住民票をもとのとおり回復するよう訴えているが、この場合、どのように対応すべきか。

1 　届出義務者

　住民基本台帳法においては、第一義的には届出義務を本人に課している。また、同法26条においては、世帯主による届出義務を規定している。代理人による届出については、届出義務者の法定代理人であると、任意代理人であるとは問わないものとされている。

　届出義務者でない者からの届出は、適法な届出であるとはいえないが、市町村長は、この届出を資料として職権で住民票の記載等をすることができるとされている。

2 　設問の事例における届出義務者

　本問の場合、夫、妻、子（未成年）の３人が同一世帯（世帯主は夫）で、夫と妻は現時点ではまだ婚姻関係にあり、ともに子の親権者であることが前提である。

　まず、子の転出届を行った夫は、世帯主かつ子の親権者（法定代理人）であるため、届出義務者として適法である。

　また、その届出を受けた市町村は、受理に当たり適切に審査を行っているのであれば、転出証明書の交付等転出手続につき瑕疵はない。

③　届出の審査

　届出の受理に当たっては、形式的審査及び実質的審査を行うこととされている（住民基本台帳事務処理要領）。

　形式的審査では、次の事項を審査する。

①　届出書に届出をすべき法定事項及び付記すべき事項が記載されているかどうか、及び添付書類等の記載と相違する点がないかどうか。

②　届出書に添付すべき書類が添付されているかどうか。

③　世帯主でない外国人住民であってその世帯主が外国人住民である者が、転入届、転居届、世帯変更届及び同法30条の46から48までの届出を行う場合は、原則として、世帯主との続柄を証する文書及び外国語によって作成されたものについては翻訳者を明らかにした訳文が添付されているかどうか。

④　届出書に届出の任にあたっている者の住所及び届出の年月日が記載され、届出の任にあたっている者が署名しているかどうか。

　実質的審査とは、届出をしまたは付記をした事項が、届出書の記載の内容その他の事情を総合的に判断し、事実に反する疑いがあるときは、同法34条2項の規定による随時調査を実施し、その事実を確認することである。

　審査の結果、届出書の内容に不備がある場合において、それが補正できるのであれば、補正を求めたうえで受理することになるが、事実に反すると認められた場合には、当然にその届出は受理すべき

ではない。

 4 設問の事例の取扱い

　夫の届出は適法であるが、妻の訴えにより、子の転出に疑義が生じた場合には、同項により実態調査を行い、市町村長は子の実際の住所を確認する必要がある。

　調査の結果、夫の行った子に係る転出届が事実に反したもので、虚偽の届出であることが確認できる場合には、無効な届出として、すみやかに子の住民票を職権で回復し、転出先である夫の実家の所在する市町村にはその旨連絡し、転出先市町村における住民票の記載を職権で消除してもらったうえで、交付した転出証明書を返送してもらうことが適当である。

　なお、虚偽の転出届を行った夫に対しては、同法52条により罰則の対象となるため、簡易裁判所へその旨通知する必要がある。

　また、刑法157条の公正証書原本不実記載罪等に違反すると思われる場合は、事案の性質、軽重等を考慮したうえ、告発するかどうかを決定し、その取扱いは慎重に行わなければならない。

2 代理権と委任状

　住民票の写しと交付請求のため、同一住所に別世帯で居住する親族が代理人として委任状を持参して来庁した。その委任状は、代理人欄は自署であり、請求者の印は押されていたものの、請求内容や請求者の氏名はすべて印刷されていた。請求者との関係と代理人の本人確認は戸籍謄本で行うことができたが、この場合、交付できるとの扱いでよいか。

1 代理権

　代理権とは、代理人がもつ、代理をすることができる地位又は資格である。任意代理にあっては授権行為（代理権を授与する法律行為）によって発生し、委任状を伴うことが多いが、委任状は授権行為の要件ではない。代理権の範囲は、任意代理では原則として授権行為によるが、法定されていることもある。

2 委任状

　委任状とは、その事項に関する代理権を授与したことを示す文書をいい、代理権授与の証拠として広く用いられており、設問のような場合には、委任状による代理権の確認を行うことが通常行われている。

3 代理人の資格の確認

　代理人の資格の確認に当たっては、請求に係る者の氏名及び住所並びに請求者本人の署名のある委任状を提出させること等により確

認する必要がある。

　なお、この場合には、請求書に請求者本人が請求する場合と同様の記載をさせるほか、代理人につき住所、氏名及び代理人である旨を記載させるべきである（住民基本台帳等の改正等に関する質疑応答集（昭和61年2月4日付自治振第12号自治省行政局振興課長から各都道府県総務部長あて通知））。

④ 設問の事例の取扱い

　設問の場合、請求者の氏名は印刷されており、たとえ押印があったとしても請求者本人が自署した署名がないため、委任状としては適当ではない。

　しかしながら、代理人は請求者と同一住所で別世帯に居住する親族とのことであり、その事実は戸籍謄本で確認ができるため、本人性の確認をもって交付して差し支えない。

　また、同一世帯に属する者と同様に取扱うことができると認めた場合、代理人であることを確約する旨記載した書類を作成及び提出させることが考えられる。

3 市町村合併に伴う転出処理

平成20年10月１日にＡ市とＢ市とが合併し、新たにＣ市が発足することとなった。

合併前である９月27日に、近隣の市町村であるＸ市在住者から、10月８日にＣ市への転出を予定しているとして転出届があった。

転出予定先住所を本人に聞いたところ、Ａ市としての住所でマンションを購入したので新しいＣ市の住所はまだわからないとのことであった。

Ｘ市としては届出を受理のうえ、転出証明書を交付することとなる。

この場合、Ｘ市はどのような転出証明書を交付すべきか。

1 転出届

転出（市町村の区域外へ住所を移すこと）をする者は、あらかじめ、その氏名、転出先及び転出の予定年月日を市町村長に届け出る必要がある（住民台帳法24）。

「あらかじめ」とは、転出することが確定した後その住所を去るまでの間をいい、急に住所を異動することが決定し、その住所を去るまでの間に届出をする暇がないような場合で、転出後14日以内に届出をしたものも含む。

2 転出証明書

市町村長は、住民基本台帳法24条の規定による届出があったときは、転入届の特例の適用を受ける者から転出届があったとき又は国外に転出するときを除き、転出証明書を交付しなければならないとさ

れており、その記載事項は次のとおりである（住民台帳令23Ⅱ、24）。

① 氏名

② 出生の年月日

③ 男女の別

④ 世帯主についてはその旨、世帯主でない者については世帯主の氏名及び世帯主との続柄

⑤ 戸籍の表示。ただし、本籍のない者及び本籍の明らかでない者については、その旨

⑥ 個人番号

⑦ 住民票コード

⑧ 住所

⑨ 転出先及び転出の予定年月日

⑩ 国民健康保険の被保険者である者については、その旨

⑪ 後期高齢者医療の被保険者である者については、その旨

⑫ 介護保険の被保険者である者については、その旨

⑬ 国民年金の被保険者である者については、国民年金の被保険者の種別及び基礎年金番号

⑭ 児童手当の支給を受けている者については、その旨

3 設問の事例の取扱い

　X市で受理する転出届及び作成する転出証明書には、転出先の住所を記載することとされており、その記載内容は本人からの申し出によるものである。よって、原則としてその申し出どおりの記載でよいものと思われる。

　仮に、X市でその住所のC市における新住所を正しく知ることとなった場合には、新住所を記載した転出証明書を交付することが適当である。

　なお、同法９条１項の転入通知により、転入地（Ｃ市）の市町村長から転出地（Ｘ市）の市町村長に「転入地の住所」が通知されるため、最終的にはＸ市の消除された住民票における転出先住所の記載の正確性は担保されている。

Q **4** 同居夫婦の世帯認定

転入届を提出にきた夫婦から、夫と妻とは同一の住所に住むことになるものの、それぞれ仕事をもっており、生計も別であるため、住民票は別々に作成してほしい旨の申し出があった。

夫婦は同居している以上、同一の住民票としなければならない旨説明したところ、今まで住んでいた市町村では別世帯を認めてくれていたと主張している。

この場合、市町村としてはどのように対応すべきか。

① 従来の見解

民法752条には、「夫婦は同居し、互に協力し扶助しなければならない。」と夫婦間の協力扶助義務が定められており、同一住所地の夫婦は同一世帯として取り扱うべきとされていた。

② 見解の変更

従来の見解は次のように変更されている。

同条により、夫婦間には協力扶助義務があることから、一般的には同一世帯と考えられるが、夫婦間であっても、生計を別にしているという実態があれば、世帯を分離することも可能である（平成12年3月24日自治省行政局振興課から神奈川県企画部市町村課あて電話回答、同年7月14日自治省行政局振興課から東京都総務局行政部指導課あて電話回答）。

この見解の変更においても、同居夫婦の世帯認定の原則は同一世帯であり、別世帯はあくまで例外的取扱いである点に留意する必要

がある。

③ 別生計の実態の確認

同居夫婦から世帯分離の届出があった場合、届出の受理に当たり、生計を別にしているという実態を確認、審査するため、必要に応じ源泉徴収票、課税証明書等の疎明資料の提示を求めることも考えられる。

④ 世帯合併の指導

住民票が別々である者からの婚姻届があった場合、市町村では世帯合併の届出をあわせて行うよう指導しているが、原則として、その指導は従来どおりとし、別生計である旨の申し出があった場合には、世帯合併不要とする取扱いが適当である。

⑤ 子の取扱い

別世帯夫婦の子をどちらの世帯員とするかについては、一律に届出のとおりとはせず、届出の際にその内容を審査のうえ記載することが適当である。

⑥ 親権の確認

夫と子（幼児）の世帯、妻のみの世帯に世帯分離している夫婦の場合、子に係る届出の届出義務者は世帯主である夫となるが、妻も子の親権者であるため、法定代理人として届出をする場合がある。

夫と子の世帯の住民票だけでは、妻が親権者である旨の確認ができない場合には、状況に応じて、戸籍謄抄本等の確認の書類を求める取扱いで差し支えない。

Q

5 自己の住民票等の閲覧等拒否申請とドメスティック・バイオレンス及びストーカー行為等の被害者の保護のための措置

　以前付き合っていた男性から無言電話や家の前での待ち伏せなどのいやがらせを受け、不本意ながら引っ越しをせざるを得なかった女性から、引っ越した後もその男性が追いかけてくることを心配して、自己の住民票等について、第三者からの写しの交付請求と閲覧の制限をしてほしい旨の申出があった。

　市町村としてはどのように対応すべきか。また、ドメスティック・バイオレンスの被害者に対してはどのように対応すべきか。

① 住民基本台帳の一部の写しの閲覧

　従前、住民基本台帳法では、何人でも、市町村長に対し、住民基本台帳法7条1号から3号まで、及び7号に掲げる事項（氏名、出生の年月日、男女の別及び住所）を記載した住民基本台帳の一部の写しの閲覧を請求することができるとされていた。しかし、住民基本台帳の閲覧制度を悪用した犯罪が発生したことや個人情報保護意識の高まりから見直しが行われ、平成18年11月1日に施行された住民基本台帳法の一部を改正する法律により、閲覧できる場合を限定した新たな制度として再構築された。

　改正後、閲覧することができる場合として、

① 国又は地方公共団体の機関が法令で定める事務の遂行のために閲覧する場合

② 次に掲げる活動を行うために閲覧することが必要である旨の
申出があり、かつ、市町村長が当該申出を相当と認める場合

・統計調査、世論調査、学術研究その他の調査研究のうち公益
性が高い（※）と認められるもの

※ 調査結果が広く公表され、その成果が社会に還元されて
いること等（総務大臣が定める基準）

・公共的団体（例：社会福祉協議会等）が行う地域住民の福祉
の向上に寄与する活動のうち公益性が高いと認められるもの

等とされた。

2 住民票の写し等の交付

一方、住民票の写し等の交付についても、従前は、何人でも、市
町村長に対し、自己又は自己と同一の世帯に属する者以外の者で
あって当該市町村が備える住民基本台帳に記録されているものに係
る住民票の写しで同法7条13号（住民票コード）の記載を省略した
もの又は住民票記載事項証明書で住民票コード以外の事項に関する
ものの交付を請求することができるとされていた。

しかし、平成18年に閲覧制度において閲覧できる場合が限定され
たことや戸籍の謄抄本の交付制度について見直しが行われているこ
と等から、住民票の写し等の交付制度についても見直しが行われた。

平成19年に成立した改正法で住民票の写し等の交付請求ができる
場合とされているのは次のとおりである（改正法の施行は平成20年
5月1日）。

① 自己又は自己と同一世帯に属する者による請求

② 国・地方公共団体の機関による請求

③ ①②以外のものであって、住民票の記載事項を確認するにつ
き正当な理由があるものによる請求（自己の権利行使や義務履

行に必要な場合など）

③ 設問の事例における第三者請求への対応

以上のとおり、「何人でも」請求できるとされていたが、請求できる場合を限定した制度へ再構築されてきた。設問の事例において、第三者が住所の探索のために閲覧や交付の請求をした場合には、前記の閲覧や交付請求できる場合には該当せず、請求に応じることはできない。

④ 住民基本台帳事務におけるドメスティック・バイオレンス及びストーカー行為等の被害者の保護のための措置

住民基本台帳の一部の写しの閲覧及び住民票の写し等の交付に関する省令及び戸籍の附票の写しの交付に関する省令が改正され、平成16年7月1日に施行された。この改正は、ドメスティック・バイオレンス及びストーカー行為等の被害を申し出た者のうち、支援の必要性が確認された者（以下、「支援措置対象者」）の申出の相手となる者（以下、「相手方」）が、住民基本台帳の閲覧等の制度を不当に利用してそれらの行為の支援措置対象者の住所を探索することを防止し、支援措置対象者の保護を図ることを目的としたものである。その後、平成24年10月1日、ドメスティック・バイオレンス及びストーカー行為等に加え、児童虐待及びその他これらに準ずる行為が明示された。保護措置の内容については、次のとおりである。

（申出者）

- 配偶者暴力防止法1条2項に規定する被害者であり、かつ、暴力によりその生命又は身体に危害を受けるおそれがあるもの
- ストーカー規制法6条に規定するストーカー行為等の被害者であり、かつ、さらに反復してつきまとい又は位置情報無承

諾取得等をされるおそれがあるもの

・児童虐待防止法２条に規定する児童虐待を受けた児童である
被害者であり、かつ、再び児童虐待を受けるおそれがあるも
の又は監護等を受けることに支障が生じるおそれがあるもの

・その他これらに準ずるもの

（支援の必要性の確認）

　市町村長は、相手方が当該申出者の住所を探索する目的で、住
民基本台帳の閲覧等を行うおそれがあると認められるかどうかに
つき、警察等の意見を聴く等の適切な方法で確認する。

（支援措置）

　市町村長は、支援措置対象者に係る住民基本台帳の閲覧等の請
求について、以下のように取り扱う。

・相手方から請求がなされた場合は、請求を拒否する。

・支援措置対象者本人から請求がなされた場合は、相手方が支
援措置対象者本人になりすまして行う請求に応じることを防
ぐため、代理人もしくは使者又は郵送等による請求を認めな
いこととし、本人確認を厳密に行う。ただし、特別の必要が
ある場合には、あらかじめ代理人又は使者を支援措置対象者
と取り決める、支援措置対象者に確認をとるなどの措置を講
じた上で、請求を認めることとする。

・その他の第三者から請求がなされた場合は、相手方が第三者
になりすまして行う請求に応じることを防ぐため、より厳格
な審査を行う。

　なお、請求に特別の必要があると認められる場合（行政機関に
対する申請に対し添付が必要であるなど、当該住民票の写し等が
請求における利用目的のために必要不可欠であり、他の手段では
代替できない場合）は、交付する必要がある機関等から交付請求

を受ける、相手方の了解を得て交付する必要がある機関等に市町村長が交付する、又は支援措置対象者から交付請求を受けるなどの方法により、相手方に交付せず目的を達成することが望ましい。

　また、国又は地方公共団体や弁護士等による職務上の請求については、職務上の請求である旨に加え、提出先がある場合にはその提出先、使用目的や使用事務等を適宜確認し、支援措置対象者の住所情報が相手方に漏れるおそれがないことを確認することが適当である。

⑤　設問の事例の取扱い

　以上のようなドメスティック・バイオレンス及びストーカー行為等の被害の支援措置があることを伝え、もし、支援の必要性が認められれば、これらの措置を講じることにより、相手方からの請求に対しては拒否する扱いとする。

　なお、この支援措置は、相手方に支援措置対象者の住所情報が漏れることのないようにすることが目的であり、請求につき正当な権利を有する第三者からの請求を全て断る趣旨ではないことに留意する必要がある。

6　介護保険制度と成年後見制度

　1年以上の長期間にわたり施設に入院中の者が、このたび介護保険の適用を受けるために住所をその施設におく必要が生じた。

　入院当初は意識が明瞭であったものの、現在は意識がほとんどなく、書類作成なども一切できない状態にある。

　また、面倒をみてくれる家族や親族もまったくいない。

　この場合、施設所在の市町村として、異動届はどのように処理すべきか。

1　介護保険制度と住民基本台帳法

　介護保険制度に関わる住民基本台帳法の規定の内容は次のとおりである。

①　住民票の記載事項として、介護保険の被保険者（介護保険法9条の規定による介護保険の被保険者（同条2号に規定する第2号被保険者を除く。））である者については、介護保険の被保険者となり、又は介護保険の被保険者でなくなった年月日を追加する必要がある（住民台帳法7⑩の3、同令3の3）。

②　法の規定による届出をすべき者が介護保険の被保険者であるときは、その者は、当該届出に係る書面に、次のことについて付記する必要がある。

　・転入届並びに住民台帳法第30条の46及び同法第30条の47の規定による届出については被保険者の資格を有する旨

　・転居届、転出届、及び世帯変更届については介護保険の被保険者証（介護保険法12条3項の被保険者証をいう）の番号

・同法30条の47の規定による届出（当該届出をする者が中長期
在留者等となる前から引き続き介護保険の被保険者の資格を
有する場合に限る。）については、介護保険の被保険者となっ
た年月日及び介護保険の被保険者証の番号（住民台帳法28の
3、同令27の3）

③　介護保険法12条の規定による届出を受理したときその他介護
保険の被保険者の資格の取得又は喪失に関する事実を確認した
とき、又は同法183条1項の規定による審査請求についての裁
決もしくは同項の規定による処分についての訴訟の確定判決の
内容が法の記録と異なるときには、職権により住民票の記載を
行うべきものであることを追加する必要がある（住民台帳令12
Ⅱ③の3・⑥）。

④　転出証明書の記載事項として、介護保険の被保険者である者
については、その旨を追加する必要がある（同令23Ⅱ③の3）。

⑤　住民基本台帳法28条の3の規定による付記がなされた書面で
届出をすべき者は、その者に係る介護保険の被保険者証の交付
を受けているときは、これを添えて、その届出を行う必要があ
る（同令30）。

② 成年後見制度

　平成12年の民法改正により、制限行為能力者は、未成年者、成年
被後見人、被保佐人、被補助人の4つに改められた。このうち、成
年被後見人、被保佐人、被補助人のそれぞれについて、家庭裁判所
は、本人、配偶者、四親等内の親族等の請求により、後見、保佐、
補助の開始の審判をすることができる。

　民法7条によれば、成年被後見人は、「精神上の障害により事理
を弁識する能力を欠く常況に在る者」、すなわち、認知症、知的障

害等の精神上の障害があるため、常に自己の行為についての判断能力を欠く状況にある者とされている。

3 設問の事例の取扱い

　入院中の者についての住所認定は、入院中の病院への入院が1年以上の長期になると思われる場合には、病院が住所として認定される（住民基本台帳法の質疑応答について（昭和46年3月31日付自治振第128号自治省行政局振興課長から各都道府県総務部長あて通知））。

　本問の事例では、この質疑応答に準じ、入院中の施設が住所として認定されることとなる。

　本問の入所者は、成年被後見人に該当すると考えられるため、本人、配偶者、四親等内の親族等により、家庭裁判所に後見開始の審判の請求をすることが適当である。しかし、面倒をみてくれる家族や親族など身寄りがまったくいない者であるため、民法に規定された後見開始の審判の請求者がいない状況にある。

　そこで、このような者に対する後見の開始を制度的に担保するため、老人福祉法（32条）、知的障害者福祉法（28条）、精神保健及び精神障害者福祉に関する法律（51条の11の2）において、市町村長に法定後見開始の審判の申立権が与えられている。

　よって、市町村長は、家庭裁判所に対し、後見開始の審判の請求を行うこととなる。

　家庭裁判所は、後見開始の審判をするときは、職権で成年後見人を選任する（民法843）。

　設問の者に係る異動届は、選任された成年後見人が行うこととなり、病院所在の市町村長はその届出を受理のうえ、住民票を作成することが適当である。

　なお、入院中の施設長等からの異動届があった場合、届出義務者でない者からの届出は適法な届出であるとはいえないが、市町村長は、この届出を資料として職権で住民票の記載等をすることができるとされている。

Q 7 住所の認定と証明書発行の可否

午前中に印鑑登録証明書の交付を受けた住民が、午後になって同日付で転居届の提出を行った。届出受理後、同日中にこの方から新住所の印鑑登録証明書の交付請求があったが、この場合、請求に応じることはできるか。

1 住所について

「住所」とは、地方自治法10条１項に規定する「住所」と同一であり、民法22条と同様に各人の生活の本拠をいう。

住所が単数か複数かについては諸説分かれるところであるが、住民基本台帳が選挙人名簿の登録等の各種の行政事務処理の基礎となっており、また、住民に関する正確な記録や記録の管理が求められていることを踏まえれば、複数の市町村で住民票が作成されることによる混乱は避ける必要があり、住民基本台帳法においては、単数に限られるものである。

住民基本台帳法７条により住民票の記載事項が定められており、うち７号により「住所を定めた年月日」を記載することとされている。「一の市町村の区域内において新たに住所を変更した者」である転居をした者については、新住所に転居した年月日を記載することとなり、同一日に２つの住所が認定されることはない。よって、届出を午後に行っていても、同日のそれ以前の時間帯について旧住所を認定することはできない。

2 印鑑登録証明書の発行について

印鑑登録事務処理要領５－２により、印鑑の登録を受けている者

の住所等の登録事項に変更が生じた場合は、当該者もしくは代理人による届出又は市町村長の職権により、印鑑登録原票が修正されることとなる。また、印鑑登録原票に登録される住所は、住民票に記載された住所を基とするため、一般的に、印鑑の登録を受けている者が転居した場合は、転居した日からその者の印鑑登録原票の住所が修正されることになる。同日に記載内容が異なる印鑑登録証明書が発行されるのは避けるべきことと考えることから、転居前の住所が記載された印鑑登録証明書を回収しない限り、その日において新たな住所が記載された印鑑登録証明書を交付すべきものではない。

　以上のことより、本事例においては午前中に発行した証明書を回収しない限り、請求に応じるのは適当ではない。

8 外国人住民の転入・転出

A市に住んでいた外国人住民Xが、転出届を行わず引っ越してしまった。A市では実態調査を行い、Xの不現住を確認した上で住民票を消除した。その後、XはB市へ転入届を行ったが、この時B市ではどのように対応するべきか。なお、XはA市を転出した後、海外へ出国したことはない。

1 外国人住民への住民基本台帳制度の適用

住民基本台帳制度は、従来日本国籍を有している者にのみ適用されていた。日本国内に在留する外国人については、外国人登録法が適用されており、両者は別々の制度で管理されていた。しかし、近年日本に入国・在留する外国人が年々増加していること等を背景に、市町村が、日本人と同様に、外国人住民に対し基礎的行政サービスを提供する基盤となる制度の必要性が高まってきた。

このため、平成24年7月9日に住民基本台帳法の一部を改正する法律が施行され、外国人住民についても、日本人と同様に、住民基本台帳法の適用対象に加えられることになった。

外国人住民に係る住民票の作成対象者は次のとおりである。

(1) 中長期在留者（在留カード交付対象者）

(2) 特別永住者

(3) 一時庇護許可者又は仮滞在許可者

(4) 出生による経過滞在者又は国籍喪失による経過滞在者

② 外国人住民の転出入

外国人登録法では、他の市町村へ居住地を移した場合、新居住地の市町村へ届出を行うだけで足りた。しかし、住民基本台帳法の一部が改正されたことにより、外国人住民も前住所地で転出の届出を行うこととなり、転入の際は、転出地で交付された「転出証明書」を添付して、転入地に届け出なくてはならなくなった（住民台帳法22、24）。

ただし、国外から日本へ転入してきた外国人については、転入をした日から14日以内に、氏名、住所等を新しく住所を定めた市町村へ届け出なければならないが、この場合、住民基本台帳法22条の規定に関わらず、転出証明書を添付する必要はない（住民台帳法30の46）。

③ 転出証明書に準ずる証明書

市町村長は、同法24条の規定による届出があった時は、転入届の特例の適用を受けるとき又は国外に転出するときを除き、転出証明書を交付しなければならないが、住民票を職権消除した後に、転出証明書を交付することはできない。しかし、転入届に添付すべき書類として発行した旨を記載のうえ、転出証明書に準ずる証明書または消除された住民票の写しを交付することが適当である（昭和43年3月26日自治振41号通知問19（要旨））。

④ 設問の事例の取扱い

転入の取扱いについては同法22条で規定されているが、外国人住民の転入については同法30条の46に特例が規定されている。

今回Xは、A市を転出後、一度も国外に出ていないため、同法30条の46は適用されず、同法22条での取扱いになる。

同条に基づく取扱いにおいては、転入時に前住所地での「転出証

明書」が必要となるが、Xは転出届を行わず、すでに住民票が消除されているため、A市から転出証明書を受けることができない。よって、XはA市から転出証明書に準ずる証明書等の交付を受け、B市において転入届を行うことが適当である。

　なお、やむを得ない事情により、転出証明書等を提出できない場合は、在留カード等の提示により、生年月日、性別、同法30条の45に規定する国籍等及び同条の表の下欄に掲げる事項について届出を行うことが適当である。

Q

9 日本国籍を持っていることが判明した時の「住民となった年月日」

A市では、出生に基づいて外国人登録をしていたXについて、外国人としての住民票を作成した。外国人としての住民票を作成した後、Xの父が日本国籍のある者であることが判明したため、戸籍の届出の追完により、Xは出生時から日本国籍があることとなった。この時、A市で作成する日本人住民としての住民票のうち「住民となった年月日」についてはどのように記載するべきか。

1 日本国籍の取得

日本国籍を取得する要因は、次のとおりである。

① 出生（国籍法2）

(1) 出生の時に父又は母が日本国民であるとき。

(2) 出生前に死亡した父が死亡の時に日本国民であったとき。

(3) 日本で生まれた場合において、父母がともに知れないとき、又は国籍を有しないとき。

② 届出（国籍法3、国籍法17）

届出による国籍の取得とは、一定の要件を満たす方が、法務大臣に対して届け出ることによって、日本国籍を取得するという制度である。

(1) 認知された子の国籍の取得

(2) 国籍の留保をしなかった方の国籍の再取得

(3) その他の場合の国籍の取得

③ 帰化（国籍法4〜9）

　帰化とは、日本国籍の取得を希望する外国人からの意思表示に対して、法務大臣の許可によって、日本の国籍を与える制度である。

② 戸籍の追完

　届出を受理した後に、その届けに不備が見つかった場合、届出人に追完の届出を催告し、正しい届出にしてから戸籍の記載をする。

③ 帰化・国籍取得の届出に関わる住民票の処理

　市町村長は、その市町村の住民基本台帳に記録されている日本の国籍を有しない者が、日本の国籍の取得をした時は、日本人住民としての住民票を作成し、又はその者に係る世帯の住民票に住民基本台帳法7条に規定する事項を記載するとともに、外国人住民としての住民票（世帯票が作成されている場合にあってはその住民票又は一部）を消除する必要がある（住民台帳令8の2）。

　日本人住民としての住民票を作成する際、基本的には外国人住民であった時の住民票の記載事項を引き継ぐことが適当である。主な記載事項は次のとおりである（平成24年10月29日付事務連絡総務省自治行政局外国人住民基本台帳室から各都道府県住民基本台帳等担当課あて通知）。

①　住民となった年月日（住民台帳法7⑥）

　外国人住民としての住民票に記載された「外国人住民となった年月日」を記載する。

②　住所を定めた年月日（同法7⑦）

　外国人住民としての住民票に「住所を定めた年月日」が記載されていた場合については、当該記載されていた年月日を記載する。

③　住所を定めた旨の届出の年月日（又は職権で住民票を記載した年月日）（同法7⑧）

職権により日本人住民としての住民票を作成した年月日を記載する。

④　従前の住所（同法7⑧）

外国人住民としての住民票に「従前の住所」が記載されていた場合については、当該記載されていた住所を記載する。

4　設問の事例の取扱い

Xの父親が日本国籍を有していたことからXは国籍法2条より、出生から日本国籍を取得していることになった。現在Xは外国人としての住民票が作成されているため、日本人住民としての住民票に修正する必要がある。

帰化や国籍取得を行った場合、日本人住民としての住民票の記載内容は、基本的に外国人住民としての住民票の記載内容を引き継ぐことが適当である。しかし、今回の場合は、出生から日本国籍のため、住民となった年月日については、「外国人住民となった日」ではなく、当該市町村に引き続き住み始めた年月日を記載することが適当である。

Q **10 住民基本台帳ネットワークシステム**

平成14年8月から、住民基本台帳ネットワークシステムが導入されたが、これはどのような仕組みなのか。また、このネットワークを利用して処理される事務は具体的にどのようなものがあるのか。

1 住民基本台帳ネットワークシステムの概要

住民基本台帳は、住民票を世帯ごとに編成したものであり、市町村において選挙人名簿の作成、国民健康保険や国民年金の被保険者としての資格の管理、各種給付事務の受給資格管理などに利用されている。

市町村の住民基本台帳システムと接続したコミュニケーションサーバと都道府県のサーバを専用回線でネットワーク化することにより、住民に関する基本的な情報である本人確認情報（①氏名、②生年月日、③性別、④住所、⑤住民票コード、⑥マイナンバー（個人番号）、⑦これらの変更情報）を各都道府県サーバに送信し、さらに、各都道府県サーバの情報を全国サーバ（地方公共団体情報システム機構（以下「機構」という。））に送信することにより、全国サーバを経由して国の機関や他の都道府県、他県の市町村などへも情報提供が可能となった。この市町村の区域を越えた全国共通の本人確認ができる仕組みが住民基本台帳ネットワークシステムである。

このシステムは、平成14年8月の一次稼働を経て、平成15年8月から本格稼働し、平成27年3月には全団体で接続を完了した。

② システムのメリット

このシステムの具体的なメリットは、住民側にとっては、国や都道府県の機関への申請書、届出書などに添付していた住民票の写しが不要になること、全国どこの市町村でも自分の住民票の写しがとれるようになること、転入・転出の手続が簡素化されることなどである。

また、本システムにて発行されていた住民基本台帳カードは新規発行・更新が終了し、平成28年１月以降はマイナンバーカードが交付（交付時に所持している住民基本台帳カードは返納が必要）されるが、すでに取得済の住民基本台帳カードは有効期間内であれば利用可能である。

③ 住民基本台帳ネットワークの利用

(1) 都道府県と市町村間の事務

都道府県と市町村の間においてネットワークを利用して処理される事務については、本人確認情報の市町村から都道府県への通知（住民台帳法30の６Ⅰ）などがある。

(2) 市町村間の事務

市町村と市町村の間においてネットワークを利用して処理される事務については、転入通知（同法９Ⅰ）、住民票の写しの交付の特例（同法12の４Ⅰ）、マイナンバーカードの交付を受けている者等に関する転入届の特例（同法24の２Ⅰ）などがある。

(3) 機構と都道府県間の事務

機構と都道府県の間においてネットワークを利用して処理される事務については、本人確認情報の都道府県から機構への通知（同法30の７Ⅰ）などがある。

⑷　本人確認情報の利用、提供による事務処理

　国の機関等は、機構から本人確認情報の提供を受け、住民基本台帳法の別表に定める事務を行うことができる（同法30の9）。

　また、都道府県知事は、住民基本台帳法の別表に定める事務に利用することができるほか、条例で定めた事務に利用することが可能となる。さらに、条例で定めた場合、当該都道府県の執行機関への提供や区域内市町村の執行機関、さらには他の都道府県知事その他の執行機関への提供が可能である（同法30の13、30の15）。

Q

11 社会保障・税番号制度（マイナンバー制度）

社会保障・税番号制度の導入に伴い、住民票コードとは別にマイナンバーが付番されるが、マイナンバーとはどのようなものか。

また、同制度の導入により、どのようなメリットがあるのか。

1 マイナンバー制度の概要

マイナンバー（個人番号）は、「行政手続における特定の個人を識別するための番号の利用等に関する法律」（平成25年法律第27号）の施行日（平成27年10月5日）以降に、住民基本台帳に記載されている全国民に付番される住民票コードから生成された12桁の番号である。なお、マイナンバーは国民一人一人に重複なく付番されるものである。

市町村長は新たに住民票コードを付番することとなった住民にマイナンバーを個人番号通知書により通知しなければならない（番号法7Ⅰ）。実務上ではマイナンバーは機構が生成し、住基ネットを通じ市町村長に通知している（番号法8Ⅰ・Ⅱ）。また、個人番号通知書の発行も機構に委任されており、機構から本人宛に郵送にて送付される。

なお、マイナンバーは住民票コードより生成されるが、住民票コードを変更した場合でもマイナンバーは連動して変更されない。

② 導入によるメリット

　マイナンバーは平成28年1月以降、社会保障、税、災害対策に係る行政手続で活用されており、国民の利便性向上や行政の効率化をあわせて進め、公正公平な社会を実現する社会基盤となっている。具体的には、各種行政手続で複数の機関を回って書類を入手し、提出するということがあったが、添付書類が削減されるなど、面倒な手続が簡単になったことや、国や地方公共団体間での情報連携ができるようになったことで、これまで相当な時間がかかっていた情報の照合、転記等に要する時間・労力が大幅に削減され、手続が正確でスムーズになったことがある。また、国民の所得状況等が把握しやすくなり、税や社会保障の負担を不当に免れることや不正受給の防止、さらに本当に困っている方へのきめ細かな支援が可能になった。

　なお、新たに戸籍の附票を本人認証の基盤とすることで、令和6年度以降マイナンバーカードや電子証明書の海外継続利用が可能となる予定である。

　また、政府が運営するオンラインサービスの1つ「マイナポータル」では、マイナンバーカードを利用してログインすることで、各市町村の子育てや介護をはじめとする各種行政サービスの検索やオンラインでの申請・届出、世帯情報・税情報・予防接種記録などの行政機関が保有する自身の情報の確認、e-Tax、ねんきんネットなど、外部ウェブサイトと連携し、各種サービスを受けることなど、多くのサービスを利用することができる。

Q

12　マイナンバー（個人番号）カード

マイナンバーカードはどのようなものか。有効期限はあるのか。

1　マイナンバーカードの概要

マイナンバーの通知後、個人の申請により交付される①氏名（両面）、②生年月日（両面）、③性別、④住所、⑤マイナンバー（裏面）、⑥有効期限（表面）が券面に記載された顔写真入りのプラスチック製カードである（番号法2Ⅶ）。本カードのみでマイナンバーの確認と身分証として本人確認を行うことが可能である。

カードのICチップ内には電子的に個人を認証する機能（電子証明書）を搭載しており、e-Taxをはじめとする電子申請手続、マイナポータルのログイン、コンビニ交付サービス等での利用が可能となっている。その他、国や自治体によりカードの利便性向上・利活用範囲の拡大に向けた取組みが行われている。

2　マイナンバーカードの有効期限

18歳以上はカード発行より10回目の誕生日までが有効期限である。18歳未満は容姿の変動が大きいことから顔写真を考慮して、5回目の誕生日までとなっている。

また外国人住民に関しては、永住者、高度専門職第2号及び特別永住者については日本人と同様である。それ以外の外国人については、在留資格や在留期間があるので有効期限もそれにあわせて異なる。ただし、在留期間に変更が生じたり特例が生じたりした場合は、本人からの申請に基づき、変更が可能となっている。

Q 13 個人番号通知書

個人番号通知書とはどのようなものか。個人番号通知書を紛失し、マイナンバーが分からない場合、マイナンバーカードの交付申請はできるのか。

1 個人番号通知書の概要

個人番号通知書は、新しく住民基本台帳に記載された場合に市町村長が指定したマイナンバーを通知するために送付する①氏名、②生年月日、③マイナンバー等が記載された書面である（番号法７Ⅰ）。個人番号通知書は、「マイナンバーを証明する書類」や「身分証明書」としての利用はできない。なお、個人番号通知書を紛失した場合は再発行できない。

2 マイナンバーカード交付申請

自身の申請書ＩＤがわかる場合はオンライン申請、自身のマイナンバーがわかる場合は申請書をダウンロードし郵送での申請が可能である。どちらもわからない場合は、市町村の窓口でマイナンバーカード交付申請書の交付を受け、オンライン又は郵送で申請する。

14　公的個人認証サービスの概要

平成16年１月より公的個人認証サービスが実施されているが、これはどのようなものなのか。また、住基ネットとはどのような関係にあるのか。

1　公的個人認証サービスの概要

「電子署名に係る地方公共団体の認証業務に関する法律」（平成14年法律第153号。以下「法」という。）に基づき、平成16年１月29日から公的個人認証サービスとして住民への電子証明書の発行及び失効、電子申請を受け付ける行政機関等（署名検証者）への電子証明書の失効情報の提供等のサービスが開始された。

その後、平成28年１月からマイナンバー制度が開始されることに伴い、平成25年５月に「電子署名に係る地方公共団体の認証業務に関する法律」が「電子署名等に係る地方公共団体情報システム機構の認証業務に関する法律」に改正され、各都道府県知事が認証業務を行うとともに指定認証機関へ事務を委任する仕組みを廃止し、機構が認証業務を行うことが規定されている。

このサービスは、インターネットを利用した行政機関への申請等を行う際に、他人によるなりすましや通信途中での申請内容の改ざんを防ぐために行うものであり、行政手続のオンライン化による住民サービスの向上と行政の効率化に資することとなる。

市町村長は、住民（住民基本台帳に記載されている者に限る。）からの電子証明書発行申請を受け付け（法３Ⅱ）、住民基本台帳により本人確認を行うとともに（法３Ⅲ）、機構に対して電子証明書

の発行を要求する（法３Ⅴ）。

　機構は、市町村長の要求により省令第13条に定める有効期間電子証明書を発行し（法３Ⅵ）、電子申請を行った住民が本人であるかを証明する認証事務を行う。実際の認証事務については、法に基づき指定認証機関に委任している。

　公的個人認証サービスを利用した電子申請手続きは、国における国税申告、商業・法人登記申請をはじめ、都道府県、市町村においても順次拡大している。また、電子証明書を用いた住民票の写し・印鑑登録証明書等がコンビニエンスストアで取得可能となる、コンビニ交付サービスが1,204自治体にて実施されている（令和５年11月７日現在）。

② 電子署名と電子証明書の役割

　電子署名及び電子証明書は、従来の書面による申請等における記名、押印及び印鑑登録証明書の添付に代わり、行政手続のオンライン化の際の本人確認の手段として、法に規定された仕組みである。

　法において電子署名とは、「電子署名及び認証業務に関する法律（平成12年法律第102号）」２条１項に規定する電子署名であり、以下のように規定されている。

　電磁的記録に記録することができる情報について行われる措置であって、次の要件のいずれにも該当するものをいう。

　１　当該情報が当該措置を行った者の作成に係るものであることを示すためのものであること。
　２　当該情報について改変が行われていないかどうかを確認することができるものであること。

　公的個人認証サービスで発行される電子証明書には、署名用電子証明書と利用者証明用電子証明書の２種類があり、いずれもマイナ

ンバーカードのICチップに格納される。署名用電子証明書は、文書が改ざんされていないことの確認及びインターネット等によるオンライン手続における利用者の本人確認の手段として利用される。

利用者証明用電子証明書は、インターネット等におけるログイン等において、本人であることを証明する際に利用される。

③ 住民基本台帳ネットワークとの関係

公的個人認証サービスと住民基本台帳ネットワークとの関係は、以下のとおり。

① 電子証明書発行時等の本人確認等（同法3Ⅲ関係）

市町村窓口において、電子証明書の申請受付時に、申請者の実在性確認のために住基ネットを利用する。また、電子証明書の記載内容のデータとして利用するため、住基ネットから本人確認情報の提供を受ける。なお、住民票コードは利用しない。

② 異動等失効情報の受領（同法12関係）

公的個人認証サービスは、異動等失効情報として、住民基本台帳に記載されている本人確認情報に変更があった者で、かつ、電子証明書が発行されている者についての、変更前の本人確認情報の提供を受ける。なお、変更された内容についての提供は受けない。

③ 電子証明書の格納媒体（同法3Ⅶ関係）

総務大臣が定める技術的基準に適合するICカードとして、マイナンバーカードを電子証明書の格納媒体としている。

なお、令和5年5月からスマホ用電子証明書搭載サービスが始まり、マイナンバーカードを用いてスマートフォンにマイナンバーカードと同等の機能（署名用及び利用者証明用の電子証明書）を格納できるようになった。

Q 15 公的個人認証サービスに係る電子証明書の失効と更新

電子証明書の有効期間満了まであと2か月の電子証明書を持った利用者が電子証明書の更新に来た。この場合、新しい電子証明書の有効期間はいつまでとなるか。また、手続時に発行済みの電子証明書の内容が、当時の職員が代替文字の選択を間違っていたことにより誤っていたことが判明した。この場合、電子証明書の発行手数料はどのように扱えばよいか。

1 電子証明書の失効

電子証明書の失効とは、電子証明書がその効力を失うことであり、どのような場合に失効するのかについては、「電子署名等に係る地方公共団体情報システム機構の認証業務に関する法律（平成14年法律第153号）」（以下「法」という。）15条に規定されている。その記載事項は以下のとおりである。

① 機構が同法11条の規定により失効申請等情報を記録したとき。
② 機構が同法12条の規定により異動等失効情報を記録したとき。
③ 機構が同法13条の規定により記録誤り等に係る情報を記録したとき。
④ 機構が同法14条の規定により発行者署名符号の漏えい等に係る情報を記録したとき。
⑤ 電子証明書の有効期間が満了したとき。

①は、利用者が任意に失効を申請した場合及び、利用者署名符号（秘密鍵）が漏えい又はき損等した旨の申請をした場合について規

定している（同法11）。②は、「住民基本台帳法（昭和42年法律第81号）」30条の８により利用者の異動等の通知があった場合について規定している（同法12）。③は、機構が当該電子証明書に記載された事項に誤りがあったことを知った場合について規定している（同法13）。④は、発行者署名符号が漏えい又はき損等した場合について規定している（同法14）。⑤は、当該電子証明書の有効期間が満了した場合を定めている（同法５）。

② 電子証明書の更新

　現在有効な電子証明書を取得している者が、当該電子証明書の有効期間満了が近づいている等の理由で、当該電子証明書の失効手続と、当該電子証明書が記録されたＩＣカードへの新たな電子証明書の発行手続とを、新旧の電子証明書の基本４情報の実質的な変更（市町村合併に伴う住所の変更や住所又は氏名の代替文字の使用等は実質的な変更に含まれない。）を伴わない形で、連続的に行うことがある。この場合の連続した手続のことを事務処理上「更新」と称する場合がある。更新は、有効期間満了の３か月前から行うことができる。なお、平成28年１月以降に発行された電子証明書に対しては利用者クライアントソフトに電子証明書の有効期間満了前に更新を促す通知を行う機能が実装されている。

　また、住民基本台帳カードに搭載されていた電子証明書の有効期間が満了した場合で、引き続き電子証明書の利用を希望する場合には必ずマイナンバーカードに切り替える必要がある。

③ 電子証明書の発行手数料

　電子証明書の発行を申請しようとする者に対し、機構は、発行に係る手数料を徴収することができる（同法67Ⅰ）となっているが、

機構の規程では経過措置として、個人番号カードの再交付（申請者から個人番号カード再交付手数料を徴収する場合に限る。）に伴う電子証明書の再発行を除き、申請者から手数料を徴収しないこととなっている。

　なお、令和5年4月1日現在、発行手数料の額は1件当たり200円である。

④　設問事例の取扱い

　前段について、電子証明書の有効期間は発行の日後5回目の誕生日であるが、更新した場合は有効期間は更新した日後6回目の誕生日となる。ただし、個人番号カードの有効期間が満了となった時点で、電子証明書の有効期間も満了する。

　後段の場合、代替文字の選択間違いは基本4情報の実質的な変更を伴わないため「更新」として取扱うことができる。また、この場合、電子証明書の発行手数料は徴収しないことが適当である。なお、職員のミスが原因で基本4情報に実質的な変更を伴う場合、「更新」として取扱うことはできないが、手数料は徴収しないことが適当である。

16 勤務日のみの居住地がある場合の住所の定め

A市において、X男から、勤務の関係上B市に居住している家族と離れて、勤務日だけA市に居住することになったので、住所は、どちらに定めたらよいか相談された。この場合、A市ではどのように相談に応じたらよいか。

　住所について民法22条では、「各人の生活の本拠をその者の住所とする。」と定めている。

　また地方自治法10条1項では、「市町村の区域内に住所を有する者は、当該市町村及びこれを包括する都道府県の住民とする。」と規定し、住民は住所を有する者と定めている。

　これを受けて住民基本台帳法4条では、「住民の住所に関する法令の規定は、地方自治法第10条第1項に規定する住民の住所と異なる意義の住所を定めるものと解釈してはならない。」と定めている。

　また「人の住所とはその生活の本拠を指し、どこがそれに当るかは主として生活の本拠と認めるべき客観的事実によって決すべきものであり、人がその場所を住所とする意思を有するか否かは他の事情とともに右の客観的事実の有無を判断するにあたって考慮されるべき資料に過ぎないものと解するのを相当とする。すなわち、ある場所を自己の住所とする人の意思なるものも社会生活の客観的事実の中で裏付けられない限り住所として認められないものといわなければならない。」（大阪地判昭和40年10月30日）とした判例もある。

　さて設問の場合についてだが、B市又はA市のどちらが生活の本拠となるかを考えなければならないわけだが、これについては以下

のような通知が出されている。

　「勤務する事務所又は事業所との関係上家族と離れて居住している会社員等の住所は、本人の日常生活関係、家族との連絡状況等の実情を調査確認して認定するものであるが、確定困難な者で、毎週土曜日、日曜日のごとく勤務日以外には家族のもとにおいて生活をともにする者については、家族の居住地にあるものとする。」（昭和46年３月31日・自治振128号通知）

　よって今回の場合には家族と同じＢ市に住所を定めるよう相談に応ずるべきである。

その他

Q 17 「工事又は製造の請負」に関する契約の意味

庁舎前に「平和の像」を建設する場合において、その契約は、地方自治法施行令別表３に掲げる「工事又は製造の請負」に当たるか。

　地方自治法96条１項５号によれば、「その種類及び金額について政令で定める基準に従い条例で定める契約を締結する」ときは、議会の議決を要することとされており、政令で定める契約の種類は、同法施行令別表３に「工事又は製造の請負」に関する契約と規定されている。

　この別表３に掲げる「工事又は製造の請負」については、法律上の明確な定義は示されていないが民法632条において、「請負」の定義は、「当事者の一方がある仕事を完成することを約し、相手方がその仕事の結果に対してその報酬を支払うことを約すること」とされており、議決を要する契約の種類としての「工事又は製造の請負」にもこの定義はあてはまるものと考えられる。

　行政実例では、「航空機によって写真を撮影し、これに基づいて地図を作成して納入する行為は、それが一連の行為として行われる限り、地図を「製造」し、これを納入することを「請負」行為である。」（行実昭和52年11月16日）とされ、また、「工事の設計管理のみを契約の目的」とする場合は、「工事又は製造の請負」には含まれない（行実昭和44年２月６日）と解されている。

　具体的にどの契約が該当するかどうかは、これらの行政実例等を参考に、個々の事例において判断するほかはないと思われる。

　設問の「平和の像の建設」が別表３の「工事又は製造の請負」に当たるかどうかであるが、この契約が、像の製作から設置工事までの一連の行為であれば、「工事又は製造の請負」に該当すると考えられる。

Q

18 「機関（職員）の共同設置」の手続

　Ａ市とＢ市とは、事務処理の合理化等を図るため相互に協力を行うことを考えている。現在、両市の建築指導事務と会計事務を「機関（職員）の共同設置」方式により共同処理することとしたいが、どのような手続をすればよいのか。

　地方自治法に定められている地方公共団体相互が特定の事務を共同して処理する方式は、そもそも各団体の自主性を保持しつつ、行政の広域化の要請に応え、行政運営の能率化に資することを目的として設けられたものである。

　「機関（職員）の共同設置」もその1つであり、以前は行政委員会や執行機関の附属機関、補助機関等に限定されていたが、平成23年の地方自治法の一部改正により、議会事務局等の行政機関、部や課等の内部組織及び監査委員等の事務局並びに書記長等の議会の職員についても、他の地方公共団体と共同して設置することができるようになった（自治法252の7Ⅰ）。ただし、公安委員会の共同設置は、法令上認められない（自治令174の19）。

　以上が「機関（職員）の共同設置」の概要であるが、本件質問では、建築指導事務及び会計事務について当該方式による共同処理の手続の可否を問われているので、各々について検討していきたい。

① 建築指導事務について

　設問から、両市とも建築指導事務を処理するため、建築主事を置いていることが推察される。いうまでもなく建築主事とは、長の指

揮監督の下に建築確認事務をつかさどるものである（建築基準法
4）。この建築主事の共同設置が地方自治法252の7第1項にいう
「普通地方公共団体の議会、長、委員会若しくは委員の事務を補助
する職員」に該当するかどうか、まず検討を要する問題である。

　同条の規定は「身分上の職員の共同設置のみが認められているの
であって、出納員又は徴税吏員のごとく職名についての共同設置は
認められていない」と一般的に解されている。次いで、ここにいう
「身分上の職員」の範囲が問題になるが、統計主事や社会福祉主事
等と並び、建築主事はこれに含まれるとするのが通説であり、職員
の共同設置は建築主事や指導主事等の特定の職名資格又は職能等を
有するような職員を想定した制度であるとされている。したがっ
て、建築主事については共同設置が可能なことがわかる。

　なお、A市長及びB市長は、ともに特定行政庁である（建築基準
法2Ⅰ㉟）。市長たる特定行政庁の共同設置は当然できないが、両
市が建築主事を共同設置すれば、各市に置いたのと同様の効果が生
じるため、各市長の特定行政庁としての地位には影響がないものと
考えられる。

　では、建築主事を補助する職員についてはどうだろうか。「委員
会」や「委員」の場合、どちらかの団体（たとえばA市）の職員が
そのままの身分で共同設置機関の事務を補助できるが（自治法252
の11Ⅰ）、建築主事は「長の事務を補助する職員」であることから
当該規定が準用されず、当然に補助職員が充てられるわけではな
い。したがって、これら職員の職務を共同して行おうとする場合に
は、まず職員の共同設置を行い、そしてその職員を共同設置してい
る各地方公共団体の当該職名の職員（たとえば建築監視員など）に
併任することが適当とされる。

② 会計事務について

　地方公共団体の会計事務をつかさどる会計管理者（自治法170）の共同設置の可否が問題になる。一般職である会計管理者の場合、出納員等補助職員を含めて共同設置することについては、前述の手続若しくは内部組織（会計課）の共同設置により可能と考える。

19 地方自治法上の事務の委託

　Ａ市とＢ市の市境をまたがっている踏切の工事を行う。工事会社との契約はＡ市が一本で行いたいが、この場合、Ｂ市からＡ市へ地方自治法上の事務の委託を行う必要があるか。

　地方自治法上の「委託」とは、一の普通地方公共団体が他の一の普通地方公共団体に、具体的な事務の一部である法律行為又は事実行為をなすべきことを委ねることをいい、委ねられた普通地方公共団体は、受託事務の範囲において自己の事務として処理する権限を有することになり、委託をした普通地方公共団体は、委託のその範囲においてその権限を行うこととなる。

　事務の委託について、同法252条の14第１項において、「普通地方公共団体は、協議により規約を定め、普通地方公共団体の事務の一部を、他の普通地方公共団体に委託して、当該他の普通地方公共団体の長又は同種の委員会若しくは委員をして管理し及び執行させることができる。」と規定している。

　設問の趣旨は、本件の場合に同条の規定の適用があるのかどうかということである。

　地方公共団体相互間における事務の委託をする場合は、法律に特別の定めがない限り、同条の規定に基づいて委託を行う方途が講ぜられるところであり、これ以外の方法によることができるかについては、必ずしも明らかではない。

　地方公共団体の行う土木工事を他の地方公共団体に委託する場合においても、本条の適用はもちろん可能であるが、このような工事

は私法上の請負契約により他人に行わせることが通常であり、地方
公共団体相互間においても私法上の契約により工事を委託すること
はもちろん差し支えない（行実昭和28年9月16日）とされているこ
とから、設問の場合も、必要があれば私法上の契約によることは差
し支えないと考えられる。

20　2市の区域に係る地縁団体の事務処理

　2市の区域に係る地縁団体の認可については、どちらの市において管轄すべきか。

　地縁による団体とは、町又は字の区域その他市町村内の一定の区域に住所を有する者の地縁に基づいて形成された団体であり、いわゆる自治会、町内会等の地域的な共同活動を行っているものがこれに該当すると解されている。

　地方自治法260条の2第1項は、「町又は字の区域その他市町村内の一定の区域に住所を有する者の地縁に基づいて形成された団体は、地域的な共同活動のための不動産又は不動産に関する権利等を保有するため市町村長の認可を受けたときは、その規約に定める目的の範囲内において、権利を有し、義務を負う。」と規定している。

　同条に基づく「地縁団体の認可」は市町村長が行うのであり、市町村内の一定の区域とは、当該権限の及ぶ長が管轄する市町村内の一定の区域と考えるべきであることから、同条においては、2市の区域に係る地縁団体の認可については想定していない。

　区域が2つの市にまたがっている地縁団体認可について、どちらの市の認可団体とするかを判断することは非常に困難である。また、行政区域を越えて地縁団体を認可することはできないため、2つの市にまたがっている地縁団体を1つの地縁による団体として認可することは難しいと思われる。

Q

21　地縁団体による財産区財産の管理

当該財産区設立当時からの居住者に、地方自治法260条の2に規定する地縁団体を組織させた上で土地を売却、当該財産区の財産を直接管理させることは可能か。

　同条において、市町村長に認可される「地縁による団体（以下「地縁団体」という。）」は、地域的な共同活動のための共有財産（主に土地等の不動産）を維持管理するとともに、良好な地域社会の形成のための地域的な共同活動を行い、もって地域住民の福祉向上に資することを目的とする。

　一方、同法294条にいう「財産区」は、市町村及び特別区の一部で財産又は公の施設の管理及び処分を行うことを法律で認められた特別地方公共団体である。管理とは、維持を主とするものとされているが、その範囲においては改良行為を含み（行実大正15年3月9日）、処分とは、財産については売却を主たるものとするが、抵当権や質権の設定も含まれる。

　地域的な財産を維持管理する点において、両者は共通しており、規約を定め、手続に従い市町村長の認可を受ければ、財産区内の住民が同法上の地縁団体を組織することは可能である。

　財産区の財産の売却に当たっては、同条1項により、市町村及び特別区の財産処分に関する規定がそのまま適用されるため、財産管理権は財産区所在の市町村長にある。平成23年5月2日に公布された地方自治法の一部を改正する法律（平成23年法律第35号）の施行による地方分権改革推進計画に基づく義務付けの廃止により、旧法296条の5第2項が削除され、財産処分協議等の知事への協議義務

が廃止されたため、市町村長は、法296条の5第1項に規定されているように、財産区内の住民の福祉を増進するとともに、財産区のある市町村の一体性をそこなわないように努め、その上で当該財産区に管理会を設けている場合はその同意を得、適法な手続をとれば、地縁団体に財産区の財産を売却することは可能である。なお、財産区の財産をすべて売却したような場合（＝財産区の消滅を意味する）は、売却代金を財産区会計の収入とし、それから市町村の一般会計に繰り出すことになる。

　ただし、財産区の住民に地縁団体を組織させ、その財産を地縁団体に売却できたとしても、設立当初からの住民に権利を限定することはできない。すなわち、地縁団体は、「正当な理由がない限り、その地域に住所を有する個人の加入を拒んではならない」ため、必然的に新たな居住者にも権利が生じることになる。

　財産区の中には、実態としてその管理が既に市町村から離れ、地元住民により管理運営されているようなところも見受けられ、こうした状況からの設問と思われるが、地縁団体への移行は、旧住民と新住民の調整を考慮にいれた上で行う必要がある。

22 地縁団体における賛助会員

地縁団体区域外に転居した元住民を、賛助会員とすることができるか。

　地縁団体とは、「町又は字の区域その他市町村内の一定の区域に住所を有する者の地縁に基づいて形成された団体」と定義される（自治法260の2Ⅰ）。その法人格の取得に当たっては、団体の代表者による申請に基づき、市町村長の認可が必要である。

　法人格取得の要件の1つとして、「区域に住所を有するすべての個人は、構成員となることができるものとし、その相当数の者が現に構成員となっていること」と規定（同法260の2Ⅱ③）されており、年齢・性別等を問わず区域に住所を有する個人全てに、構成員となる権利があり、これに反する加入規約等を設けることは認められない。また、認可を受けた地縁団体は「正当な理由がない限り、その区域に住所を有する個人の加入を拒んではならない。」（同法260の2Ⅶ）とされている。ただし、これらの規定は「個人」とあるように、法人や団体を対象とはしておらず、法人や団体を構成員とすることはできない。

　しかしながら、当該地縁団体の活動に賛同し積極的に活動・協力する意思がある法人等を完全に排除するものではなく、構成員の資格に関する規約において、表決権等は有しないものの活動の賛助等の形で参加する「賛助会員」の規定を設けることに特段問題はないと考えられる。

　設問では、「地縁団体区域外に転居した元住民」について問われているが、まず、前述のとおり、構成員になることができるのはそ

の区域に住所を有する個人であり、転居したことにより構成員たる
会員の資格はなくなっている。しかし、法人等と同様、区域外の元
住民に対しても賛助会員となれる旨の規定を設けることにより、対
応は可能と考えられる。

23　寺所有の仏像の修繕費用の支出

　寺が所有している仏像の修繕費用を町は支出することができるか。

　日本国憲法20条1項後段及び3項の規定は、「政教分離の原則」を定めたものである。これは、明治憲法下において、特定の宗教が実質的に国教的地位をもつに至った経緯に照らして、国から特権を受ける宗教を禁止し、国家の宗教的中立性を明示したものである。

　そして、この原則を財政制度面から裏付けているのが、日本国憲法89条にある「宗教上の組織若しくは団体の使用、便益若しくは維持のため」の公金支出等を禁止する規定である。

　なお、憲法が「国の最高法規」（憲法98Ⅰ）である以上、地方公共団体においても、この政教分離原則が及ぶことは当然であり、地方公共団体の寄附又は補助について規定した地方自治法232条の2に優先して適用される。

　さて、本件質問では、地方公共団体が宗教団体（寺院）の所有している美術品（仏像）の修繕費用を支出することが、日本国憲法20条及び89条に規定される政教分離の原則に違反しないのか、また、当該美術品が文化財である場合、文化財保護との関係をどう考えるか、の2点が問題になるものと思われる。

　ところで、判例は政教分離の原則について、「国家が宗教的に中立であることを要求するものではあるが、国家が宗教とのかかわり合いをもつことを全く許さないとするものではなく、宗教とのかかわり合いをもたらす行為の目的及び効果にかんがみ、そのかかわり合いが各々の国の社会的・文化的諸条件に照らし相当とされる限度

を超えるものと認められる場合にこれを許さないとするものである」（津地鎮祭事件、最判昭和52年7月13日）として、その判断基準を「行為の目的及び効果」に置いている。すなわち、憲法20条3項により禁止される「宗教的活動」とは、その行為の「目的が宗教的意義をもち、その効果が宗教に対する援助、助長、促進又は圧迫、干渉等になるような行為」に限られるとしている。この観点から、改めて各条項に則し検討してみたい。

　まず、憲法20条1項後段だが、これは、宗教団体に対する「特権」の付与を禁止する規定である。ここで、「特権」とは、法制的・経済的・政治的の一切の保護・優遇を示すとされる。設問にある仏像の修繕費用を支出する目的が、たとえば文化財の保護という非宗教的なものである場合には、「特権」の付与には当たらないと解される。

　次に、憲法20条3項は、国及びその機関による一切の宗教的活動を禁止する規定である。「宗教的活動」については前述したとおりであるが、仏像の修繕費用を支出する目的が、文化財保護という専ら世俗的なものであり、その効果も特定の宗教に対する援助等になると認められない場合には、「宗教的活動」には当たらないと解される。

　最後に、憲法89条であるが、この規定の趣旨は、政教分離の原則を財政面から徹底させることにある。仏像の修繕費用の支出が、たとえば文化財保護といった一般的な法政策に基づくような場合、その結果として当該宗教団体に利益が及ぶことがあっても、それはあくまでも反射的利益であり、本条の違反するものではないと解される。

　さて、文化財保護法182条1項は、「地方公共団体は、文化財の管理、修理、復旧、公開その他その保存及び活用に要する経費につき補助することができる。」と規定している。町が修繕費用を支出しようとしている仏像が、同法でいう「文化財」に該当する場合、こ

れまで見てきたとおり、政教分離の原則には抵触しないものと解される。

　他方、「文化財」に該当しない場合には、修繕費用の支出に対する一般人の宗教的評価やこれに与える影響、町の政策意図や宗教的意識の有無等、諸般の事情を考慮した上で、社会通念に従って客観的な判断が求められよう。

24 市の文書の日付をすべて元号に統一

市は、住民への便宜を図るため文書の日付をすべて元号に統一することができるか。

地方公共団体等の社会活動を行うものは、通常、その取り扱う文書に作成年月日を付すが、その際、年を通算する方法（紀年法）において、主に西暦紀元を用いる場合と元号を用いる場合がある。元号法では、その使用に関する規定は何ら設けていないので、一般国民に対して、元号の使用を義務づけるものではないと解されている。

しかし、地方公共団体についても、行政サービスを提供する公的機関であることから、行政における文書の施行期日等の表記の統一を図るなどの目的で、その作成に当たり元号を使用することを慣行としているところである。

現状の使用状況を踏まえ、規則等により市の公文書の日付を元号に統一することは可能であると解されるが、統一する際には、住民の利便性を十分に考慮するとともに、表記方法の変更に伴う混乱が生じないよう必要に応じて併記を取り入れるなどの対応が求められると考えられる。

25 住民監査請求

　Ａ市とＢ社間での土地売買契約が違法であるとして、外部監査人による住民監査請求がなされた。当該土地売買契約については、新聞報道等においてＡ市に重大な損害を与える恐れが取りざたされている。これを受け、外部監査人は当該行為の暫定的停止の勧告を行うことができるか。

　住民監査請求は、違法又は不当な財務会計上の行為若しくは怠る事実があると認めるときに、監査委員に対し、監査を求め、損害補てん等の必要な措置を講ずべきことを請求することができるものである（自治法242Ⅰ）。監査請求は、条例で定める普通地方公共団体においては、監査委員の監査に代えて、個別外部監査契約に基づく監査によることを求めることができる（同法252の43）。

　地方自治法242条４項において、住民監査請求に係る監査委員の暫定的な停止勧告制度が定められているが、この制度は、違法な財務会計行為について、監査結果が確定する前に当該行為を暫定的に停止する旨勧告するものである。

　住民監査請求の対象は、違法又は不当な財務会計行為又は怠る事実であるが、本勧告は暫定的とはいえ、行政活動に重大な影響を与えるものであることから、暫定的停止の勧告の対象は違法な財務会計上の行為に限られている。

　違法な財務会計行為を、行政内部の判断により迅速に是正しようとする住民監査請求制度の趣旨に照らすと、住民監査請求がなされた段階で、違法と思われる財務会計行為が行われることが相当の確

実さをもって予測されると認められる場合には、監査結果が確定するまで当該財務会計行為を停止することが望ましい。そこで、一定の要件のもと、監査委員が暫定的な停止の勧告をすることができるとしたものである。

この「一定の要件」について、同項では、①当該行為が違法であると思料するに足りる相当な理由があること、②当該行為により当該地方公共団体に生ずる回復の困難な損害を避けるため緊急の必要があること、かつ、③当該行為を停止することによって人の生命又は身体に対する重大な危害の発生の防止その他公共の福祉を著しく阻害するおそれがないことが認められる場合と規定されている。

ここでいう「相当な理由」とは、社会通念上、客観的にみて合理的な場合をいい、違法行為であると認定し勧告するまでの根拠は不要ではあるが、同等程度具体的な証拠に基づいて違法であると推測するに足る必要があると解される。したがって、設問にあるように、新聞報道等で指摘されている程度の状況であれば、「相当な理由」があるとは認められないものと考えられる。

暫定的停止の勧告の決定は監査委員の合議によるため、意見が一致しなかった場合、勧告を行うことはできない。勧告が出された場合、監査委員は、当該勧告の内容を監査の請求人に通知し、かつ、これを公表しなければならない。

ところで、暫定的な停止勧告を行うかどうかは監査委員の裁量に委ねられており、住民の請求権の内容として認められているものではないため、もし勧告が行われなかったとしても、これに対し住民は不服を申し立てることはできない。

一方、外部監査人の権限としては、当該個別外部監査契約に基づき監査を行い、その結果を監査委員に対して報告することに限られており（自治法252の43Ⅳ）、暫定的停止の勧告を行う権限は認めら

れていない。その理由は、暫定的停止の勧告には、公共の福祉への影響等外部監査人の判断にはなじまない事項が含まれることによる。

　よって、設問にあるような外部監査人による暫定的停止の勧告は行うことができない。

　なお、暫定的停止の勧告が行われた場合、勧告された執行機関等は法的に拘束されるものではないが、当該勧告を尊重する義務があると考えられる。

26 住民監査請求の監査結果に対する対応

　A市映画祭実行委員会は、事務局長をA市の商工観光課長とし、商工観光課が実務を行っている。映画祭の開催に当たり、開催場所であるA市地域交流センターに対し使用申請と使用料減免申請を行った際、申請者氏名を「商工観光課長B」、使用目的を「A市映画祭事務作業、映像市」、減免を受けようとする理由を「A市が使用するため、商工観光課が使用するため」とした。

　A市地域交流センター長は使用料を全額免除決定した上で、使用許可を出したが、その後、本来は有料にすべきところを免除し、使用料の徴収を怠った、として住民監査請求がA市に出された。A市は「A市が使用するため、商工観光課が使用するため」との理由で、使用料を免除したと弁明した。

　しかし、監査委員が監査結果を市長に通知したところによると、使用している団体は実質「A市映画祭実行委員会」であると判断でき、本質的に申請者を誤っており、減免決定についても申請者名や使用目的の矛盾をよく見極めた上で減免できるか否かを決定する必要があるとされ、使用料は減免せず徴収すべきであり、市長は本来徴収すべき使用料を2か月以内にA市映画祭実行委員会に請求するよう勧告する内容であった。

　A市はどのように対応すべきか。

　地方自治法242条5項に定められた住民監査請求に対する勧告に対し、A市は同条9項の規定により、「当該勧告に示された期間内に必要な措置を講ずるとともに、その旨を監査委員に通知しなければならない。」とされている。この場合の「必要な措置」とは、原則

として監査委員の勧告の内容たる必要な措置を指すものではある
が、勧告を受けた機関としては、必ずしも勧告の内容に拘束され
ず、自らの判断により必要と認める措置を講ずることができる、と
考えられている。

　A市が勧告どおりに対応する場合、使用料免除決定（＝授益的行
政行為）の取消しについて、様々な学説が存在するところである
が、本件は虚偽の申請を行っていることになるため、A市は使用料
免除決定を取り消すことができるものと考えられる。使用料免除決
定を取り消すには、起案・決定をして、取り消す旨を虚偽の申請者
である商工観光課長Bに対して行うとともに、実際の使用者である
A市映画祭実行委員会に対して使用料の請求を行う。同時に、当該
措置を行った旨を監査委員に対して通知することになる。

　なお、監査委員は監査請求人に当該内容を通知し、かつ、公表し
なければならない。

　監査請求人は監査結果若しくは当該措置に不服があるときは、同
法242条の2に定められた住民訴訟を提起することになる。

27　4号訴訟

　A市の事業執行に関して、その経費支出を違法とし、A市長であるB氏に対する損害賠償請求を行うことを求める訴訟（4号訴訟）が、A市に対して提起された。最終的に原告が勝訴し、損害賠償請求を命ずる判決が確定した。
　(1)　本4号訴訟にかかる弁護士費用は、誰が負担することとなるか。
　(2)　判決に基づき、市長への請求を求める訴訟を提起することとなるが、原告は誰とすべきか。
　(3)　(2)の訴訟を追行中に、選挙により市長がB氏からC氏へ交代した場合、原告及び被告について変更はあるか。

1　設問(1)について

　4号訴訟においては、被告は普通地方公共団体であり、応訴費用は当該普通地方公共団体が負担することとなる。これに加え、本設問では、原告の勝訴が確定していることから、原告に係る弁護士報酬については、その報酬額の範囲内で相当と認められる額の支払を、当該普通地方公共団体に請求することができる（自治法242の2 XII）。

　ただし、原告が弁護士報酬の請求ができるのは、勝訴が確定した際においてであり、例えば1審での勝訴といった段階では勝訴が確定したとは認められず、その時点での支払い請求を行うことはできない。

　なお、もし被告である普通地方公共団体が勝訴した場合では、地方自治法242条の2第12項は適用されない。訴訟費用に係る規定と

しては、民事訴訟法61条において、「訴訟費用は、敗訴の当事者の
負担とする。」となっていることから、原告が敗訴した場合の訴訟
費用は原告の負担となる。ただし、同法で規定される訴訟費用は
「訴訟の準備及び追行に必要な費用」（民事訴訟法82）を意味し、弁
護士報酬は含まれないことに留意する必要がある。

2　設問(2)について

　設問での4号訴訟において損害賠償請求を命ずる判決が確定した
場合は、まず、地方公共団体の長は、判決確定から60日以内に、当
該執行機関又は職員に対し、当該請求に係る損害賠償金の支払を請
求しなければならない（自治法242の3Ⅰ）。この請求がなされたに
もかかわらず支払がなされない場合は、当該普通地方公共団体は、
損害賠償請求を目的とする訴訟を提起しなければならない（同法
242の3Ⅱ）。

　しかし、設問では市長に対し、A市が訴訟を提起することにな
り、市長がA市を代表するとなると利益が相反するため、代表監査
委員がA市を代表し原告となる（同法242の3Ⅴ）。

3　設問(3)について

　4号訴訟の結果、期限内に当該職員等が損害賠償金の支払等を行
わない場合、「当該普通地方公共団体は、当該損害賠償又は不当利
得返還の請求を目的とする訴訟を提起しなければならない。」（同法
242の3Ⅱ）。この「当該損害賠償又は不当利得返還の請求」の対象
は、同法242条の2第1項4号における「当該職員又は当該行為若
しくは怠る事実に係る相手方」であり、本設問においては、前市長
であるB氏である。選挙により市長の職から退いたとしても、被告
に変更はない。

　ところで、設問(2)において、利益相反の考え方から原告は代表監査委員となっているが、Ｃ氏に市長が交代した場合においても、引き続き代表監査委員が訴訟を追行することが適当と考えられるが、最終的には各裁判における裁判所の判断に委ねられる。

> **Q**
>
> **28　4号訴訟の判決以前に市が職員に対して損害賠償の請求等を行っていた場合**
>
> 　A市に対して、違法な行為によりA市に損害を与えた職員Bへの損害賠償を求める訴訟が提起されたが、既にA市が職員Bに原告が求める額以上の額の請求を行っていた場合、当該訴訟の取扱いはどうなるか。

　住民訴訟の本質的な意義は、普通地方公共団体の違法な財務会計行為の是正にあることから、設問の場合は、既に普通地方公共団体として、当該行為の違法性を認識しており、住民訴訟を提起する目的は達成されていると考えられる。

　また、4号訴訟は、前提となる住民監査請求において、普通地方公共団体の執行機関等と住民の判断が異なっていることを前提に、その判断の食い違いを解消することを目的に制度化されたものであり、設問の場合については、住民と普通地方公共団体の判断に食い違いはなく、新たに裁判所の判断を求める必要はない。

　このようなことから、設問の場合には、住民の請求は訴えの利益がないものとして却下されるものと考えられる。

Q 29 官製談合に係る4号訴訟の弁護士費用

A市職員の関与のもとに官製談合が行われたとして、A市長に対して当該職員Bへの損害賠償を求める訴訟が提起されたが、この場合の弁護士費用をA市が負担することに問題はないか。

また、A市が敗訴した場合、談合企業に対して弁護士費用を請求することは可能か。

1 弁護士費用の負担

官製談合があった場合、普通地方公共団体としては、これに関与した職員に対して必要な損害賠償等の請求を行うことは当然である。

一方、地方公共団体が損害賠償等の請求を行っておらず、住民監査請求を経て住民訴訟が提起されている場合とは、対象となる行為の違法性について、普通地方公共団体の判断と住民の判断とが食い違っている場合である。

つまり、訴訟が提起された時点において、執行機関等は、当該職員の行為が正当であると判断しているものと考えられ、こうした判断をしている執行機関等が被告となって争うことが適当である。

したがって、執行機関等が被告となる以上、普通地方公共団体が弁護士費用を負担することとなる。

2 談合企業に対する弁護士費用の請求

前述のように、普通地方公共団体は、談合した企業の意向に関係なく、自らの責任において、その判断の当否について争っている以

上、仮に普通地方公共団体の執行機関等が敗訴した場合において
も、任意の寄付を求めるのはともかく、談合を行った企業に当該弁
護士費用を請求することはできない。

Q 30　市の紋章と同じマークの無断使用

　市内の民間のデパートに市の紋章と同じマークが付けられていることが市民からの通報により発覚した。使用を許可したわけではないので、これをやめさせたいが、どのように対処すればよいか。

　市の紋章は、そのシンボルとして広く市民に親しまれているものであり、市に直接関係のない建物などに使用された場合、市民の誤解を招く恐れもある。紋章の無断使用については、まず相手方に紋章と同じマークを使用しないように申し入れ、理解を得るようにすべきであるが、相手方がこれに従わない場合には、法律により対処することになる。

　法律による対処の仕方は、その紋章が商標登録されているか否かで異なる。商標登録されている場合は、その紋章は当然に商標法の適用を受け、無断で紋章が使用された場合には、市は自己の商標権又は専用使用権を侵害されたとして、デパートに対し、紋章の使用の差止めを請求することができる。

　紋章が商標登録されていない場合は、市の威信が傷つけられたとして、民法上の不法行為として損害賠償や謝罪を求めていくことになる。

　また、民法上の不法行為の他に、商法や私的独占の禁止及び公正取引の確保に関する法律の特別法である不当景品類及び不当表示防止法の適用を受ける場合もある。市の紋章を使用することによってそのデパートが優れていると誤解され、不当に顧客を誘引し、公正な競争を阻害する恐れがあると認められるときは、公正取引委員会

はそのデパートに対し、紋章の使用の差止めなどを命ずることがで
きる。

　以上のような法的措置が可能であるが、できるだけ法律による対
処は避け、相手側に事情を丁寧に説明し、理解してもらえるよう努
めるべきであろう。

31　都道府県と市区町村の関係

　A県の市町村担当課に対して、「B市の職員の対応が悪い。A県はB市の上級官庁なのだから、強力に指導し、B市の対応を改善してほしい。」といった苦情が寄せられた。市町村担当課として、どのように対応すべきか。

　地方分権一括法による平成11年の地方自治法の改正により、都道府県と市区町村は対等・協力の関係となり、従来の「指導」という概念はなくなった。

　都道府県による市区町村への関与としては、第1に、地方自治法245条の4に基づく技術的な助言・勧告があげられるが、その際に、市区町村は、住民に対して第一義的に責任を有する基礎的な地方公共団体であることから、市区町村の行財政運営に係る最終的判断は、自己決定・自己責任の原則のもと、基本的には独立した地方公共団体である各市区町村の判断で行われるべきものであり、設問のような苦情に対しては、このような立場に立って対応すべきである。

　一方、市区町村の事務処理等が違法な場合についても、一義的には市区町村自らの機関あるいは住民の手によって自主的に是正されるべきものであるが、そのような形での是正がなされず、行財政の運営が混乱し、停滞して著しい支障が生じ、明らかに公益を害しているような例外的な場合には、適正な行財政運営を維持するための実効性のある措置を講ずる必要がある。この場合、都道府県としては、是正の要求（同法245の5）、法定受託事務の場合は是正の指示（同法245の7）を行うこととなる。

　以上のように、都道府県と市区町村は対等・協力の関係にあり、

市区町村の行財政運営に係る最終的判断は、自己決定・自己責任の原則が優先されるべきであるが、市区町村の行財政が著しく混乱し、住民に不利益をもたらしているような場合には、都道府県として助言やその他地方自治法に定める関与の手段を用いて積極的に是正を促していくことも、市区町村を包括する都道府県の重要な役割であることを意識すべきである。

Q 32 放置自転車の撤去業務委託における職員の立会いの要否

A市では放置自転車の撤去業務を委託しており、「自転車の撤去」が「公権力の行使」に当たるとの考え方からA市職員が立ち会うこととしていたが、立ち会わないことは可能か。

　放置自転車の撤去は、行政上の即時強制（＝目前急迫の必要があって義務を命じる暇がない場合に、行政機関が相手方の義務の不履行を前提とすることなく、直接いきなり国民の身体や財産に実力を加え、行政上必要な状態を作り出す行為）に当たり、公権力の行使に当たる事実行為である。したがって、法律（＝自転車の安全利用の促進及び自転車等の駐車対策の総合的推進に関する法律。以下、「自転車法」という。）に基づかなければ行うことはできない。

　また、公権力の行使に当たる放置自転車の撤去であっても、委託は可能である。自転車法6条では、市町村長が認める場合、条例で定めるところにより、放置自転車の撤去、保管、処分等を行うことができる旨規定されている。また、その具体的方法、手法等は市町村の判断により、条例等に基づいて定めることができるとされている。したがって、放置自転車の撤去、保管、処分等については、民間に委託することができる。この点、放置自転車の撤去は公権力の行使に該当することから、直営で実施している団体、民間委託している団体と様々である。

　放置自転車の撤去を委託している場合、公権力の行使に当たる事実行為を行うのは受託者であり、立ち会っている市の職員はその行

為を行うわけではなく、あくまで不適正な公権力の行使を行わない
よう、監督、管理するために立ち会っているものである。したがっ
て、委託契約書等でそれを担保できるように対応することが可能で
あれば、特段、民間委託に当たって、市職員の立ち会いの必要はな
いと考えられる。

Q

33 私人委託制度による現金以外の収納

　Ａ市においては、私人委託制度により施設の使用料収納事務を行っているが、施設利用者の利便性向上のため、現金以外の収納方法の導入について検討している。私人委託制度を活用した収納事務においては、どのような収納方法が可能であるか。また、導入にあたって考慮すべきことは何か。

　私人委託制度は、自治令158条及び158条の２に規定されており、地方公共団体の徴収事務又は収納事務は地方公共団体が行うことを原則とした上で、法令の特別な定めに基づき、徴収事務又は収納事務の一部を第三者に委任して行わせることができることとした制度である。同制度は、「地方公共団体に代位して収納等を行うという制度の性質上、地方公共団体の収納の方法に準じなければならず、現金による収納を原則としている（令和３年４月１日総務省自治行政局長通知)」ため、現金以外の、たとえばスマートフォンアプリ等を利用した決済方法による納付等については、制度上想定されておらず、実務上の運用として行われているところである。

　私人委託制度を活用した収納事務において、現金以外の決済方法を導入することは直ちに違法とはならない。しかし私人委託制度は、前述の性質上、私人委託を受けた納付を受けた時点において自治体に納付があったものとされるため、委託を受けた者による収納から地方公共団体へ納付されるまでの間の事故等に係るリスクについては私人委託制度では想定されていないことから、こうした観点を踏まえ適切に検討されたい。

　なお、地方自治法の一部改正（自治法231の2の2）により、令和4年1月から新たに「指定納付受託者制度」が導入された。同制度は、スマートフォンアプリ等を利用した決済方法を柔軟に活用することができる環境整備を図ることを目的としている。この制度では、取扱いが可能な歳入に制限はなく、クレジットカード、電子マネー、スマートフォンアプリ等を利用した決済により決済事業者が納付者からの委託を受け、地方公共団体へ納付を行うことができるほか、コンビニエンスストア等での納付も可能である。このように多様な決済方法に柔軟に対応できるほか、決済事業者が提供するポイントを使った支払いも可能となり、更なる利便性の向上に資すると考えられ、先述の令和3年4月1日総務省自治行政局長通知では、私人委託制度は「スマートフォンアプリ等を利用した決済方法による納付やポイントによる支払等を制度上予定したものではないこと等を踏まえ、可能な限り早期に指定納付受託者制度に移行するよう積極的に取り組んでいただきたいこと。」とされている。

INDEX
索 引

地方自治課題解決事例集　第4次改訂版（全3巻）

第1巻　行政編

令和5年12月25日　　第1刷発行
令和6年8月15日　　第2刷発行

編著者　地方自治課題研究会

発　行　株式会社 ぎょうせい

〒136-8575 東京都江東区新木場1‐18‐11
URL：https://gyosei.jp

フリーコール　0120‐953‐431
ぎょうせい　お問い合わせ　検索　https://gyosei.jp/inquiry/

〈検印省略〉

印刷・製本　ぎょうせいデジタル㈱　　　©2023　Printed in Japan
※乱丁、落丁本はお取り替えいたします。
＊禁無断転載・複製

ISBN 978‐4‐324‐11333‐2
(3100558-01-001)
〔略号：自治解決4訂1行政〕